모태신앙 다시 시작하기

나는 그때 하나님을 만난 게 맞을까?

믿음? 내가 믿는다고 확신하면 믿는 거 아니?

봉사는 프로인데, 믿음은 아마추어인 나, 괜찮을까?

올바른 믿음은 뭘까?

내 신앙의 진단 키트

모래신앙 다시 시작하기

차성진

을 가지려면 어떻게 해야 할까?

나는 정말 하나님을 믿고 있는 게 맞을까?

왜 나는 교회를 오래 다녔어도 불안한 걸까?

일단 열심히 믿으면 되는 걸까?

규장

추천의 글

모태신앙들,
이 책으로 믿음을 다시 시작합니다!

이 책을 읽으며 제 신앙의 처음을 다시 들여다보게 되었습니다. 어릴 적부터 교회를 다니며 자연스레 익힌 믿음이었지만, 어느 순간 '하나님은 누구인지', '왜 믿는지'에 대한 질문 앞에서 망설이는 저를 발견했습니다. 하나님과의 관계가 '있긴 한데, 멀어진 느낌'이었습니다. 말은 하되 대화는 없고, 예배는 드리지만 기다림은 없던 그런 신앙이었습니다.

《모태신앙 다시 시작하기》는 제가 그 관계를 다시 시작할 수 있도록 도와주었습니다. 억지로 무언가를 하게 하기보단 책의 메시지를 따라가며 근본적인 내용을 다시 생각하면서, 무너졌던 기초를 다시 쌓고 복음 위에 단단히 서는 기쁨을 누릴 수 있게 해주었습니다. 모태신앙으로 살아온 모든 이가 한 번쯤은 반드시 돌아봐야 할 여정을 이 책을 통해 확인할 수 있을 것입니다.

정찬원 | 26세 · 자운교회 대학부

누군가 "예수님은 당신에게 누구십니까?"라고 물어온다면 당신은 무엇이라 대답할 것인가. 그 대답에 관한 정답이 있는 책. 나의 신앙생활이 그저 열심히만 하고 있다면 이 책을 통해서 하나님을 향한 신앙을 점검하고 단단한 반석을 세울 수 있기를 바란다.

김호정 | 25세 · 자운교회 대학부

저는 모태신앙으로 교회에 열심히 나왔지만, 정작 믿음에 대해 깊이 생각해본 적이 없다는 것에 놀랐습니다.

아직도 말씀보다 게임이 더 재밌고 더 많은 시간을 보내고는 있지만, 6주 동안 이 책으로 공부하면서 내 신앙의 원동력은 무엇인지를 고민하며 조금씩 하나님을 알아가고 있습니다.

또한 열심보다 예수님을 올바로 아는 지식이 더 중요하다는 것, 구원에 관해 아는 것과 믿는 것의 차이를 알게 되었습니다. 비록 아직은 하나님을 깊이 느끼지 못하지만, 참된 믿음을 얻기 위해 배움이 중요하다는 사실을 깨달았습니다. 저처럼 모태신앙이지만 하나님을 믿는 것에 확신이 없거나 참된 믿음에 관해 생각해본 적이 없는 친구들에게 이 책이 큰 도움이 될 것입니다.

유현서 | 능곡교회 중등부 1학년

평소 저는 별다른 고민 없이 하나님을 믿는다고 생각했습니다. 하지만 이 책은 제가 해왔던 생각을 하나하나 짚어서 고민하게 하고 성장하도록 도와주었습니다. 저처럼, 신앙이 자라려면 어떻게 해야 하는지 모르는 친구들에게 이 책을 추천합니다. 자신의 신앙과 믿음을 스스로 점검하도록 도와줄 것입니다.

이윤호 | 능곡교회 중등부 1학년

저는 교회를 오래 다녔습니다. 평소 교회도 잘 출석하고, 활동도 많이 하고, 선교도 다녀와서 신앙이 좋다고 생각하고 있었는데 이야기를 나누며 저를 돌아볼 수 있었고, 신앙이 무엇인지 알게 되어 한 걸음 더 신앙이 성장하고, 하나님께 가까이 나아갈 수 있었습니다. 자신의 신앙을 성찰하고, 건강한 신앙이란 무엇인지 알고 싶은 분들에게 이 책을 추천합니다.

한승리 | 능곡교회 중등부 1학년

교회에서 중고등부 교사를 하며 어떻게 해야 모태신앙인 아이들이 하나님에 대해 되돌아보게 될지 고민이 컸습니다. 하나님을 잘 모르고 관심이 없는데도 어려서부터 교회를 다녔기에 이미 안다고 생각하는 아이들이 많았기 때문입니다.

이 책은 모태신앙인 아이들이 복음에 관심을 갖게 하고 자신의 상태를 진단하게 하는 특효약이었습니다. 이 책으로 모임을 하면서 하나님에 대해 궁금하게 만들 수 있었고, 더 신나게 복음을 전할 수 있었습니다. 오늘도 교회에서 고군분투하는 많은 교회학교 교사와 청년부 리더들에게 이 책이 고민에 대한 해법과 위로가 될 것입니다. 추천합니다!

이종윤 | 32세 · 하남 온세대교회 교사 · 의료기기 영업사원

모태신앙으로 20년 넘게 교회를 다니고 여러 사역을 섬기게 되면서 열심히 봉사하는 것이 곧 믿음의 증거라고 여겼습니다. 하나님도 그런 제 모습을 기뻐하실 거라고 생각했고, '나는 예수님의 구원을 잘 알고 있고, 믿음이 분명한 사람'이라는 착각 속에 살았습니다. 그래서 내가 예수님의 구원을 명확히 알지 못하고 확신이 없다는 사실은 너무 창피하고 인정할 수 없는 일로 느껴졌습니다.

하지만 지금은 오히려 그것을 회피하고 숨기려는 모습이 더 부끄러운 일이라는 걸 깨달았고, 저의 부족함과 연약함을 솔직히 고백하며 하나님께 나아가 간구할 힘이 생겼습니다.

최지은 | 22세 · 한남대학교 경제학과

모태에서부터 어느새 20여 년간 교회를 다니며 믿음에 관해 들어온 것이 너무나 많다 보니 크리스천으로 살기가 너무 어렵고 복잡하다는 생각이 있었는데, 이 책을 읽고 강(講)마다 솔직한 대화를 나누며 단순한 대답을 얻었습니다. 예수님을 믿는 삶은 단 한 가지, '구원에 대한 감동'으로 인해 날마다 살아가고, 사랑하는 것이었습니다.

다른 선한 행동, 귀한 가치도 다 뒤로하고, 먼저 예수 그리스도의 구원에 매일 새롭게 기뻐하고, 날 사망의 골짜기에서 건져내신 그 손길을 기억하며, 나도 그 십자가를 지겠다고 고백하는 삶. '크리스천으로 사는 것'은 진짜 날 살리신 사랑을 기억하거나, 혹은 아주 겸손하게 질문하는 모습입니다. "예수님, 당신은 어떤 분이신가요?" 우리의 이 겸손한 질문에 성령께서 가장 옳으신 방법으로 알려주실 줄 믿습니다.

강예솔 | 23세 · 대구과학대학교 간호학과

이 책의 내용은 매우 평범하면서도, 매우 독특합니다. 지극히 일반적이기에 대수롭지 않게 넘겼던 '교회 생활'의 모습을 '믿음의 본질'이라는 관점에서 돌아보게 됩니다. 누구나 아는 내용을 가지고도, 우리가 생각하지 않았거나 숨기고 싶었던 영역을 생각하게 합니다.

이 책이 소개하는 여러 사례는 우리 모두의 이야기일지도 모릅니다. '나는 왜 교회에 가는가?', '나는 예수를 믿는가? 왜 믿는가? 예수를 믿는 여부를 무엇으로 알 수 있는가?'와 같이 반드시 던져야 하는 질문들을 외면함으로써 우리 신앙은 어떤 모습을 갖게 되었는지 저자 본인의 이야기로 먼저 풀어나갑니다. 생동감 있고 쉽게 이해되는 여러 사례를 통해, 믿음의 본질 없이 그저 신앙의 겉모습을 흉내 내는 수준의 '교회 생활'을 조심스러우면서도 과감하게 지적합니다.

이 책은 그저 본질 없는 신앙을 고발하는 단계에서 멈추지 않고 "그래서 '믿음'이 있으려면 어떻게 해야 하는가?"에 실질적인 도움을 줍니다. 자신의 신앙을 점검하는 방법과, 파악한 본인의 상태에 대한 해결책까지 알려주어 믿음의 본질을 직접 알고 직접 경험할 수 있도록 현실적인 방법을 제시합니다.

'믿음이 무엇인지', '믿음이 생기려면 무엇을 해야 하는지'를 알고 싶은 사람과 교회 생활에서 매너리즘에 빠진 사람, 교회에 출석하는 것에 회의를 느끼는 사람에게도 필요한 책입니다. 부디 이 책을 통해, 교회에 '출석'하는 많은 사람이 '믿음의 본질'만이 줄 수 있는 신앙의 기쁨을 경험하게 되길 소망합니다.

장진욱 | 26세 · 사랑의교회 대학부 리더

프롤로그

모태수영선수는 수영을 잘하는데 모태신앙은 왜?

모태신앙인에게 거는 당연한 기대

수영선수 커플이 만나 가정을 이루고 아이를 낳는다고 생각해 봅시다. 그리고 이 아이는 어렸을 때부터 부모님이 코치로 일하는 수영장에서 매일 함께 시간을 보냅니다. 우리는 이 아이가 어떻게 자랄 것이라 기대할까요?

"고 녀석, 다른 건 몰라도 수영 하나는 기가 막히게 하겠구나!"

비슷하게, 악기를 다루는 부모님 밑에서 자라 어려서부터 항상 부모님이 합주하는 모습을 옆에서 지켜보고 악기를 만져보며 자라는 아이가 있다고 해봅시다.

"이 녀석, 악기 두세 개쯤은 능숙하게 연주하겠구나!"

그렇다면, 우리는 모태신앙인들에게 어떤 기대를 하고 있나요? 현재 교회의 대부분을 채우고 있는 '모태신앙'들은 엄마 배 속에 있을 때부터 교회를 다녔습니다. 어렸을 때 대부분의 시간을 교회에서 보내고, 일주일에 최소 서너 시간씩은 교회에서 머물며 평생을 살아왔습니다.

   그렇다면 이들은 무엇을 잘해야 정상일까요?

   기독교의 기초 진리 설명하기, 성경의 전반적인 내용을 이해하기, 하나님나라에 대해 설명하기, 비그리스도인 친구에게 기독교가 필요한 이유를 설명하기 등을 할 수 있어야 정상일 겁니다.

   어떠한가요? 정말로 대부분의 모태신앙인은 이러한 기대를 충족시켜 주고 있나요?

안타깝게도 그렇지 못합니다.

   위에 제시된 것들은 수영의 스트로크나 중국어의 '니하오'처럼 기독교 신앙의 '기본'이라고 할 수 있는 것들입니다. 그러나 저런 일에 능숙한 모태신앙인을 찾기가 쉽지 않은 것이 현실입니다.

   20년 가까이 신앙생활한 모태신앙인에게 PPT 잘 넘기는 법, 100곡이 넘는 CCM 코드 외우기, 음향 케이블 빨리 감기, 달란트 시장 준비하기와 같이, 신앙과 무관한 노하우만 쌓인 경우도 심심치 않게 볼 수 있습니다.

저의 신앙도 별반 다르지 않았습니다. 20년간 교회를 다니면서, 교회 일 그 어느 분야에 투입되더라도 3인분 이상은 할 봉사력을 얻게 되었습니다.

하지만 하나님이 어떤 분이신지, 복음이 무엇인지, 난 그것을 믿고 있는지, 그 어느 것에서도 명확한 답을 내릴 순 없었습니다.

진단과 대처 없이 기초는 잡히지 않는다

이렇게 된 이유는 무엇일까요? 왜 신앙의 기초조차 잡히지 않은 모태신앙인들이 많을까요? 여러 원인이 있겠지만, 저는 이들에게 진단과 대처가 없었기 때문이라고 생각합니다.

모태신앙들이 스스로 자신의 신앙을 진단할 수 있도록 성경에 근거한 믿음의 기준이 정확히 제시되어야 하는데, 우리는 지나치게 피상적인 기준으로 나와 다른 사람의 믿음을 진단해왔습니다.

'교회를 오래 다녔는데 나는 당연히 믿음이 있지.'
'봉사를 잘하는 걸 보니 믿음이 있겠지.'
'목사님의 자녀들이니 믿음이 있겠지.'

그렇다 보니 믿음의 상태를 정확히 알기도 어렵고, 그 상태에 맞는 정확한 대처를 내리기도 어려웠을 겁니다.

더러는 믿음을 찾는 모태신앙인에게 정확한 대처를 알려주지 못하는 경우도 있습니다.

"예배에 열심히 참석해봐."
"기도 시간에 부르짖어봐."
"봉사하다 보면 알게 돼."

결국, 그 소모적인 시간 속에서 갑갑함이 사라지지 않은 채 막막한 신앙생활을 지속하거나, 그것을 못 견디고 교회를 떠나는 경우도 비일비재합니다.

이 책은 그 진단과 대처를 제공하는 데 목적이 있습니다.

'나는 과연 하나님을 믿고 있을까?'

'믿음이란 무엇일까?'

'그 기준을 어디서 찾아야 할까?'

'만약 나에게 믿음이 없다면 나는 지금부터 무엇을 해야 할까?'

이 책은 이러한 질문에 관한 대답이 되어줄 것입니다.

우리 신앙의 현실을 심각하게, 때론 뼈아프게 바라볼 내용을 담았으나 교회의 다양한 현장에서 이 책을 활용할 수 있도록 최대한 쉽고 간결하게 구성했습니다.

교육부서 설교, 소그룹, 성가대, 찬양팀, 동아리, 스터디, 구역 모임 등 어떤 형태, 어떤 연령대가 되었든 이 책을 활용해 의미 있는 대화를 나눌 수 있을 것입니다.

마지막으로 감사의 인사를 전합니다.

항상 나의 가장 큰 버팀목이 되어주는 아내 이나리, 자녀 차노을, 차새벽, 차하루에게 사랑을 전합니다.

그리고 저희의 든든한 후원자이신 아산 부모님(차재강 장로님, 김동희 권사님), 포천 부모님(이만섭 장로님, 이범숙 권사님)에게도 감사를 전합니다.

엠마오 연구소 구독자 여러분에게도 감사의 인사를 전합니다. 여러분의 관심과 후원이 오늘의 저를 있게 했습니다.

그리고 언제가 될지 누가 될지도 모르겠지만, 곧 만나게 될, 제가 개척할 교회의 공동체에도 미리 감사 인사를 전합니다. 그대들을 그리워하는 마음이 오늘 하루하루를 움직이게 합니다. 얼른 함께 만나 하나님나라를 함께 누립시다.

차성진

추천의 글

프롤로그

1강 나는 하나님을 믿고 있을까?
- 믿음의 기준 21

2강 믿음이 없어도 피아노 반주는 잘할 수 있어
- 잘못된 믿음의 기준 (1) 51

3강 저는 하나님의 살아계심을 믿어요!
- 잘못된 믿음의 기준 (2,3) 71

4강 저는 하나님을 만났어요!
- 잘못된 믿음의 기준 (4) 95

차례

5강 이미 알고 있던 것
- 올바른 믿음의 기준 125

6강 그래서, 이제 어떻게 해야 하나요?
- 올바른 믿음을 위한 출발 175

7강 모태신앙, 이렇게 시작하세요
- 내 상태에 맞는 올바른 대처법 207

8강 귀찮고 재미없는 일
- 교회 안의 유혹들 247

독자 여러분의 도움을 청합니다!
첨부한 QR 코드로 접속하여
이 책을 읽으며 느낀 점들을 적어주세요!
책의 내용이 좋았다면 응원의 글과 후기를 적어주시고
(좋은 후기는 개정판에 삽입될 수 있습니다),
아쉬웠다면 아쉬웠던 부분을 알려주세요.
개정판에 그 내용이 반영된다면 직접 감사의 인사와 함께
신권을 보내드리겠습니다.

일러두기
이 책의 성경 구절은 개정개역을 사용하였으며
다른 버전일 때는 해당 역본을 표기했습니다.

1강
나는 하나님을 믿고 있을까?
- 믿음의 기준

당신은 하나님을 믿고 있나요?

"네? 당연히 믿죠."

"믿기…는 믿죠. 가끔 흔들릴 때도 있지만."

"아주 잘 믿는다고 말하긴 어렵지만,
그렇다고 안 믿는 건 아니에요."

앞 페이지의 질문에
아마 많은 분이 위와 같은 대답을 했을 거예요.

사람마다 믿음의 확신이나
정도에 대한 차이는 있겠지만

공통적으로 내리는 결론은
'나는 하나님을 믿고 있다'일 겁니다.

"그럼요! 물론 제 신앙에 문제가 없는 건 아니지만
그렇다고 제가 하나님을 안 믿진 않아요!"

그런데 당신이 스스로
'하나님을 믿고 있다'라고 평가한 이유는 무엇인가요?
무엇을 기준으로 그런 평가를 내렸나요?

믿음의 기준을 삼을 때
"내가 믿는다고 확신하면 믿는 거 아닌가요?"
"저는 하나님을 떠올리면 행복하거든요."
"저는 그분이 살아계신다고 믿거든요."와 같이
자신의 감정, 자신의 확신을
떠올릴 때가 많습니다.

그런데, 우리 믿음의 대상은 하나님이십니다.
그분이 '믿음'으로 인정하셔야 비로소 믿음이 될 수 있지요.
그렇기에 믿음의 기준은
내가 아닌 하나님에게서 발견해야 할 것입니다.

그래서 믿음을 점검할 때
우리가 물어야 할 올바른 질문은
'내가 내 믿음을 인정하느냐?'가 아니라
'하나님이 내 믿음을 인정하실까?'입니다.

과연 하나님이 가지고 계시는 '믿음의 기준'은 뭘까요?
그리고 우리가 가진 믿음은 그 기준에 부합할까요?

하나님이 인정하시는 **믿음의 기준**을 알아보기 위해
우리는 성경을 같이 살펴볼 거예요.

우리가 볼 이야기는 요한복음 6장,
바로 '오병이어' 사건입니다.

음?
믿음의 기준을 발견하기엔
너무 익숙한 이야기를 본다는 느낌이 들지 않나요?

맞아요,
우리는 오병이어 이야기를 익히 잘 알고 있지요.
심지어 교회를 안 다니는 사람 중에도
오병이어만큼은 아는 분이 종종 있을 정도니까요.

그래도 혹시나 오병이어 이야기를 모르는 분을 위해
전체 이야기를 빠르게 요약해드리겠습니다.

예수님이 벳새다라는 한적한 곳으로 잠시 쉬러 가셨는데
사람들이 어찌 알고 예수님에게 몰려들었습니다.

예수님은 몰려든 사람들을 물리치지 않고
그들의 병을 고쳐주시고 복음을 가르치셨죠.

그러다 해가 저물어 다들 배가 고파졌는데
음식도 없고 근처에 시장도 없는 겁니다.
있는 거라곤 보리떡 5개와 물고기 2마리가 전부였죠.

예수님은 당황하지 않으시고,
모인 음식에 복을 선언하시자
(혹은 하나님께 감사기도를 드리자)
그 음식이 무한 복사(!)가 되기 시작했습니다.

그래서 그 자리에 모인
5천 명(남자 어른만 센 숫자)의 사람들이
다 배부르게 먹고도
음식이 열두 바구니나 남았다는 이야기입니다.

그런데 솔직히 오병이어의 이야기는
우리가 신앙생활 중에
그렇게 많은 관심을 쏟는 이야기는 아니에요.

뭐랄까…
예수님의 기적치고는 조금 심심한 면이 있지요.

물 위도 걸으시고,
죽음에서 부활하신 예수님인데
음식을 많이 만든 것 정도야
우리 교회 권사님 세 분만 모이서도 할 수 있는걸요.

그래서 오병이어는 우리에겐
동화 내지는 이솝우화와
비슷한 느낌으로 다가오지요.

실제로 우리 기억 속의 오병이어 설교는
대부분 그 배경이 유초등부 예배였을 겁니다.

그런데 오병이어 본문은 사실
굉장히 **무서운 이야기**입니다.

오병이어는
단순히 예수님의 기적을 설명하는 본문이 아니라
예수님이 가지고 계신 **믿음의 기준**에 대한
설명을 담고 있습니다.

무엇이 믿음인지
무엇이 믿음이 아닌지
그리고 잘못된 믿음을 믿음인 줄 알고 붙잡은 사람에게
예수님은 뭐라고 평가를 내리시는지.

오병이어 이야기 안에는
이러한 내용에 대한 예수님의 의견이 담겨 있고

이 이야기 속에서 예수님은
심지어 아주 잔인하고 독한 방법으로
믿음에 대한 그분의 기준을 설명하십니다.

전혀 몰랐다고요?

네, 우리는 보통 오병이어 사건을
사람들의 환호로 끝나는
해피엔딩 이야기로만 알고 있거든요.

사람들은 예수께서 행하신 표징을 보고
"이분은 참으로 세상에 오시기로 된 그 예언자이다"
하고 말하였다.
요 6:14 새번역

이게 바로 우리에게 익숙한
오병이어의 마지막 모습일 겁니다.
기적을 체험한 사람들이 메시아사상을 담아서
예수님을 경배하는 모습이요.

그렇다면 예수님은
이 경배에 어떻게 반응하셨을까요?

뿌듯해하셨을까요?
사람들을 칭찬하셨을까요?
예수님의 반응을 볼까요?

… 혼자 산으로 떠나가시니라

요 6:15

예수님은 사람들에게 환멸과 혐오를 느껴
그 자리를 떠나셨습니다.

아니, 뭐가 문제였을까요?
사람들은 예수님에게 환호를 보냈는데 말이죠.

성경은 예수님이 떠나신 이유를 이렇게 말씀합니다.

그러므로 예수께서 그들이 와서
자기를 **억지로 붙들어 임금으로** 삼으려는 줄 아시고
다시 혼자 산으로 떠나가시니라

요 6:15

예수님이 화가 나신 이유는
사람들이 예수님을 억지로
왕으로 삼으려고 했기 때문이랍니다.

그런데 여전히 의문은 남습니다.
이게 과연 화내실 만한 일인가요?

누군가를 왕으로 모신다는 건
한 개인에게 보낼 수 있는
최고의 찬사와 경배가 아닐까요?
그래서 우리의 찬양 중에도
하나님을 왕으로 고백하는 가사가 많이 있지요.

때문에 사람들이 예수님에게 외친 말은
단순한 칭찬과 감탄을 넘어
그들이 할 수 있는 최고의 경배였습니다.

그런데, 그 경배를 받고
이렇게까지 분노하실 필요가 있을까요?

아마 그 현장에 있었던 사람들은
우리보다 더 당혹스러웠을 겁니다.
수많은 환호 소리에
예수님이 기뻐하실 거로 생각했으니까요.

"예수님을 왕으로!"
"저분이 왕이 된다면, 우린 로마의 압제에서 벗어날 거야!"
"예수님! 예수님!"

그 뜨거운 현장에
갑자기 찬물이 끼얹어진 게지요.

"잠깐만, 잠깐만! 예수님이 안 보이십니다!"
"엉? 그게 무슨 소리야? 방금까지 같이 계셨잖아?"

한순간에 사라진 예수님에
모두 당황을 금치 못했을 겁니다.

"여기! 배 한 척이 사라졌습니다!"
"아마 배를 타고 갈릴리를 건너가셨나 본데?"
"이럴 게 아니라 우리도 얼른 예수님을 쫓아가자고!"
"제가 근처 어부에게 얼른 배를 빌려올게요!"

그래서 이들도 배를 타고 갈릴리 바다를 건넙니다.
이들은 마침내 가버나움에서 예수님을 **체포(!)**합니다.

그리고 예수님에게 묻죠.

바다 건너편에서 만나
랍비여 언제 여기 오셨나이까 하니
요 6:25

"아이고, 예수님! 헉헉… 여기 계셨네!"
"아니, 왜 갑자기 가신 거예요?
사람들이 지금 당신을 왕으로 모시겠다잖아요!"
"가서 '내가 너희의 왕이다!'라고
딱 한마디만 하시면 되잖아요.
그런데 왜 가신 겁니까?"

취조하듯 따져 묻는 사람들을
지그시 바라보던 예수님은
이렇게 말씀하셨습니다.

"지금부터 내가 하는 말을 잘 들어."

예수께서 그들에게 대답하셨다.

"내가 진정으로 진정으로 너희에게 말한다.

너희가 나를 찾는 것은 표징을 보았기 때문이 아니라,

빵을 먹고 배가 불렀기 때문이다.

요 6:26 새번역

"한번 물어보자.

너희가 왜 나를 이토록 열심히 찾는 걸까?

내가 어떤 존재이고 내 행동이 뭘 의미하는지

정말로 그 **표징**과 **의미**를 알아서 날 쫓아오는 걸까?

글쎄…, 내가 준 빵 때문이 아니냐?

나를 따라오면 내가 너희의 만족을

또 채워줄 것 같으니

날 쫓아오는 건 아니냐?

결국 너희가 관심 있는 건

내가 아니라 너희의 만족이 아니냐?

그런데 왜 내가 너희와 같이 있어야 하느냐?"

이게 예수님의 말씀이었어요.

너무나 냉소적이고도 차가운 반응이었죠.

우리에게 익숙한
'사람들을 맞아주고 안아주고 환영해주시는'
주일학교 벽에 붙은 온화한 캐릭터 같은
예수님의 이미지가 완벽하게 깨지는 순간입니다.

이 말을 들은 사람들은
무척 서운하지 않았을까요?
정말 예수님의 말처럼 이들은
예수님에게 관심이 없는 사람들이었을까요?

이들은 오병이어 사건 때부터
예수님을 따라온 사람들입니다.

오병이어를 떠올릴 때 우리는
예수님의 기적에만 집중하곤 하는데
그 현장에서 보여준 사람들의 열심 또한
어마어마했습니다.

생각해보세요.
그 건조한 중동 지방에서 예수님을 만나기 위해
한적한 들판까지 걸어온 것도 보통 일이 아닌데

그늘 하나 없는 그 들판에서
5천 명의 체취를 맡아가며
예수님의 말씀을 배가 고파질 때까지
(최소 6시간) 들었답니다.

당신은 이 열심을 따라갈 수 있나요?

그리고 예수님의 기적을 체험한 후에는
예수님을 왕으로 모시며 경배했고,
예수님이 사라지자 배를 빌려 끝까지 따라왔어요.
이들은 우리가 흉내조차 낼 수 없는 열심을 보였지요.

그런데,
"너희는 나에게 관심이 없잖느냐"
이러한 예수님의 말씀은
이들에겐 너무 아픈 말이었을 거예요.

그래서 이들은 서운함 가득히 이렇게 말했습니다.

그들이 예수께 물었다.
"우리가 무엇을 하여야 하나님의 일을 하는 것이 됩니까?"
요 6:28 새번역

이 질문에는 분명 억울함과 설움이 담겨 있었어요.

"아니, 주님….
그럼, 도대체 저희가 뭘 더 해야 합니까?"

그런데, 예수님은 이 질문에 너무 잔인한 말로 응답하십니다.

예수께서 그들에게 대답하셨다.
"하나님께서 보내신 이를 믿는 것이 곧 하나님의 일이다."
요 6:29 새번역

이 말이 무슨 뜻일까요?
하나님께서 보내신 이를 믿어달라고 하십니다.
하나님께서 보내신 이는 다름 아닌 예수님 자신이지요.

결국 이 구절을 간단한 말로 바꾼다면
다음과 같이 바꿀 수 있습니다.

"제발 부탁이다, 나 좀 믿어라."

예수님은 자신을 따라온 사람들의 믿음을
전면적으로 부정하신 겁니다.

"너희가 뭘 더 해야 하냐고?
그래, 너희는 많은 걸 했지.
그런데 딱 하나 안 한 게 있다.
그게 뭐냐고? 나를 믿는 일이야.

너희는 지금 **불신자야**."

예수님의 이 말씀은 우리에게
엄청난 충격으로 다가옵니다.

예수님은 이 말씀을
예수님에게 돌을 던진 사람들을 향해
하신 것이 아니었습니다.
예수님을 모욕한 사람들을 향해
하신 것이 아니었습니다.

예수님을 사랑해서
들판에서 배가 고플 때까지 그분의 말씀을 듣고
그분의 기적을 직접 체험하고 그분께 영광을 돌리고
그분이 좋아서 끝까지 따라온 사람들에게 하신 말씀이었죠.

"제발 부탁이다. 나 좀 믿어라."

처음에 이야기했듯이
우리는 믿음의 기준을 우리 자신에게 둘 때가 많습니다.

"하나님을 믿냐고요? 당연하죠.
저는 하나님을 굳게 믿고 있어요!"
"저는 예배할 때마다 생생한 은혜를 느껴요. 믿고 있죠!"
"50년 넘게 새벽기도 한 번 빠지지 않았수다.
당연히 믿고 있지."

오병이어 때 모인 사람들도 아마 똑같이 생각했을 겁니다.
예수님이 좋아서 종일 설교를 듣고,
그 먼 길을 함께 쫓아오면서
자신이 예수님을 믿지 않는다고 생각하는 사람은
단언컨대 한 명도 없었을 거예요.

그러나 그들에게 예수님은 말씀하셨습니다.
"나 좀 믿어라, 이 불신자들아."

이것이 의미하는 바는 무엇일까요?

우리의 감정이나 우리의 확신은
믿음의 기준이 될 수 없다는 겁니다.

내가 나 자신의 믿음에 대해서 어떤 확신이 있든,
내가 신앙생활하면서 어떤 기쁨을 느끼든

나의 믿음이
예수님이 생각하시는 **믿음의 기준**에 부합하지 않는다면
나는 불신자로 분류될 수 있다는 겁니다.

자신의 기준에 부합하지 않는 열심은 인정하지 않으신다니
예수님이 좀 잔인하지 않냐구요?
너무 자기중심적이지 않냐구요?

예수님의 입장을 한번 이해해봅시다.
쉽게 '부부관계'를 예로 들어 설명해볼게요.

15년간 아내의 생일을 한 번도 챙기지 않은
무심한 남편이 있다고 해봅시다.

"너 그러다가 집에서 쫓겨나, 인마…."

친구의 진심 어린 협박성 조언에 정신 차린 남편은
15년 만에 처음으로
아내의 깜짝 생일 파티를 준비합니다.

아내가 직장에서 퇴근하기 전에
먼저 귀가해 집을 꾸미기 시작합니다.

조명을 달고, 풍선을 불고, 장미를 뿌리고
벽에는 '내 사랑, 생일 축하해'라는 문구까지 달았죠.

드디어 아내가 집에 오는 소리가 들리자
남편은 미리 준비한 케이크의 촛불을 켜고
현관 앞에서 대기했습니다.

그리고 문이 열리자 이렇게 외쳤죠.

"생일 축하해, 자기야!"

아내는 잠시 놀라는 듯했으나,
남편의 얼굴을 지그시 바라보고 말했습니다.

"오늘, 내 생일 아닌데."

아내는 이젠 실망할 것도 없다는 눈으로
남편을 쳐다봤고
남편은 불붙은 초의 길이가 반절이 될 때까지
얼어붙어 있었습니다.

남편은 나름 그 상황을 극복해보려 입을 열었습니다.

"그… 자, 잠깐만!
여보! 나 되게 고생 많이 했어!
나, 아까 조명 달다가 의자에서 넘어지기도 하고
장미꽃 뿌리다가 가시에 찔리기도 하고…."

아내는 여전히 말이 없습니다.

남편은 자신의 말이 분위기를 바꾸는 데
전혀 도움이 되지 않는 걸 인지하고
이내 조용히 고개만 숙이고 있었죠.

아내는 마치 화분 지나치듯
남편을 무시한 채 지나쳤고 방에 들어가서
여기저기 널려있는 장식을 말없이 치웠습니다.

등 뒤에서 남편이 외쳤습니다.
"아니, 어쨌든 열심히 준비했는데
좀 기뻐해줄 수도 있는 거 아냐?"

아내는 남편을 보며 말했습니다.
"내 생일, 몇 월 며칠이야?"

남편은 눈을 오른쪽 위로 치켜뜨며 한참을 고민했지만
쉽게 입이 떨어지지 않았습니다.

아내가 말했습니다.
"지난주였어."
그리고 뒤를 돌아 장식들을 마저 떼어내기 시작했습니다.

지금 아내에겐 남편의 열심이
그 어떤 가치로도 느껴지지 못할 겁니다.

이 난리를 떨 동안 정작 내 생일도 몰랐다는 건,
사실 이 사람의 관심은 내가 아닌
자기 자신에게 있었다는 뜻이니까요.

그런 사람이 준비한 파티를
생일 파티라고 기뻐할 사람은 없겠지요.
방을 가득 채운 화려한 장식은
그 크기만큼 아내에겐 조롱으로 다가왔을 겁니다.

네, 이게 바로 **예수님이 느끼신 감정**이었죠.

"아니, 주님!
어쨌든 이 사람들이 열심히 주님을 따라왔잖아요.
이 믿음 좀 인정해주시면 안 됩니까?"

예수님의 입장에선 받아들이기 어려운 말일 겁니다.

생일 파티의 전제조건이
주인공의 생일을 아는 것이라면
믿음의 전제조건은
그분을 **올바로 아는 일**일 겁니다.

"너희는 내 표징을 알고는 있느냐?"

나를 제대로 알지도 못하는 자들의 경배와 찬양은
주님의 입장에선 소란 이상도 이하도 아니었을 겁니다.

아마 여러분은 그동안 적지 않은 시간과 노력을 들여
신앙 활동을 했을 겁니다.

눈을 비벼가며 특별 새벽기도회에 참석했을 거고
사비로 재료를 사서 교회학교 벽을 꾸몄을 겁니다.
음향의 작은 잡음을 잡아내러 방송실의 벽을 뜯고
자꾸 틀리는 부분을 맞추기 위해 밤새 합주했을 겁니다.

수련회를 준비하느라 밤을 새우기도 했을 거고
온갖 궂은 말을 들어가며 식당 봉사도 했을 겁니다.
찬양할 때는 높이 뛰고 울며 하나님을 경배했을 겁니다.

그리고 확신했을 겁니다.
'나는 하나님을 믿고 있다' 라고.

오병이어 때 모인 사람들도 그러했습니다.

예수님을 만나러 온 몸이 땀에 젖은 채 광야를 걷고
중동의 햇빛을 종일 맞아가며 그분의 설교를 듣고
예수님의 기적 앞에 진심으로 그분을 경배하고
홀연히 사라진 그분을 끝까지 따라가면서
그들은 모두 확신했을 겁니다.
'나는 하나님을 믿고 있다'라고.

그런데 예수님은 그들에게
'불신자'라는 낙인을 찍으셨습니다.

그들의 믿음이 예수님이 생각하는
믿음의 기준에 부합하진 않았거든요.

예수님은
오병이어의 사람들에게 물으셨던 것처럼
우리에게 똑같이 묻고 계십니다.

"내 표징이 무엇인지 알고는 있느냐?"

이 질문에 옳은 답을 내지 못한다면
우리는 여지 없이
'불신자'라는 낙인을 피하긴 어려울 겁니다.

모범생의 요약 노트

- 나의 믿음 여부를 판단할 때 나의 확신과 감정, 열심은 그 기준이 될 수 없다.

- 우리의 관점에선 최고의 신앙인이었던 오병이어의 사람들은 예수님에게 '불신자'라는 평가를 들었다.

- 우리는 예수님이 가지신 '믿음의 기준'에 내 믿음이 부합하는지 점검해봐야 한다.

대화해봅시다

1. 당신은 하나님을 믿고 있나요? 만약 그렇다면, 그렇게 생각한 근거는 무엇인가요?

2. 믿음의 기준을 나의 감정, 확신, 열심으로 삼을 때 어떤 문제가 발생할까요?

3. 오병이어 사건 때 모인 사람들이 예수님에게 불신자라는 평가를 들은 이유는 무엇이었을까요?

2강
믿음이 없어도
피아노 반주는 잘할 수 있어

- 잘못된 믿음의 기준 (1)

교회를 오래 다니다 보니
'신앙이 좋아 보이는 노하우'가 쌓였다.

찬양할 땐 손을 들고
기도할 땐 일단 크고 빠르게 말하고
잘하지 못하더라도
교회 봉사 제안은 피하지 않는다.

그러면 사람들은 나에게
"신앙이 좋다"라고 칭찬해준다.

정말 내가 했던 행동은
신앙의 기준이라 볼 수 있었을까?

낯선 교회나 집회에 설교 초청을 받으면
저는 설교 시두에 이렇게 묻곤 합니다.

"여러분, 하나님 믿으세요?"

그러면 으레 "네!" 혹은 "아멘!"과 같은 외침이 나옵니다.
아마 그런 반응을 기대한 질문이라고 생각하셨나 봐요.

그러면 저는 이렇게 되묻습니다.
"여러분이 하나님을 믿는다고 생각하는 근거는 무엇인가요?"

당신에게도 똑같이 물어보겠습니다.
당신이 스스로 하나님을 믿는다고 생각하는
근거는 무엇인가요?

"나는 그래도 하나님이 살아계심을 믿으니까,
하나님을 믿는 게 아닐까요?"
"저는 하나님이 제 기도에 응답하심을 경험했어요.
그래서 저는 하나님이 나를 지키심을 믿고 있어요."

아마 다양한 답이 등장할 수 있겠지요.

그중에서 정답이라고 한다면
1장에서 이야기했던
'예수님의 믿음의 기준'에 부합하는 대답일 겁니다.

그렇다면 예수님이 원하시는 믿음의 기준은
정확히 어떤 것일까요?

그 믿음의 기준이 무엇인지 찾기 전에,
우리 머릿속에 있는
잘못된 믿음의 기준부터 찾아보겠습니다.

애석하게도 모태신앙 중에는
잘못된 믿음의 기준을 가진 경우가 종종 있거든요.

잘못된 믿음의 기준을 가지고 있다면
현재 자신의 믿음 상태를 올바르게 진단할 수 없고,
올바른 방향성을 지닌 믿음 생활을 할 수 없을 겁니다.

그래서 우리는 지금부터
우리 안에 있는 **잘못된 믿음의 기준**을
먼저 제거해보려 합니다.

우리 안에 쌓인 믿음에 관한 오해를 온전히 무너뜨렸을 때
올바른 믿음의 기초를 하나하나 쌓아 올릴 수 있으니까요.

잘못된 믿음의 기준 첫 번째 : 교회 활동
- 교회 활동을 열심히 하면, 하나님을 믿는 것이다 -

"당신은 하나님을 믿으시나요?"라는 질문에
성실한 교회 활동을 근거로
자신의 믿음을 긍정하는 답변을 종종 들을 수 있습니다.

"그럼요. 저는 교회를 열심히 다니고 있어요."
"교회 다닌 지가 40년이나 됐어요.
내년에 장로 후보에 오른다우."
"저는 교사로만 30년 넘게 봉사했어요."

활발한 교회 활동을
믿음의 기준으로 여기는 관점이지요.
이런 관점은 우리 주변에서
생각보다 쉽게 찾아볼 수 있습니다.

당장 여러분이 속한 공동체에서
가장 믿음 좋은 사람을 머릿속으로 떠올려보세요.

아마 적지 않은 분이
교회에서 가장 활발하게 봉사하는 분을
떠올리시지 않았을까 추측해봅니다.

이처럼 적극적인 교회 활동을
믿음의 근거로 보는 관점은
올바르다고 볼 수 있을까요?

저의 어린 시절 이야기를 좀 해볼까 합니다.

저는 초등학교 4학년 때부터
교회에서 반주자 생활을 했습니다.

제가 어린 시절을 보낸 충남 아산의 작은 교회에는
피아노 학원에 다녀본 사람이 저밖에 없었거든요.

서울에서 아산으로 이사 온 지 1년 만에
초등부 반주가 저에게 맡겨졌죠.

문제는 그다음 해에 일어났습니다.

교회 메인 반주자 누나가 이사 가면서
교회의 모든 반주가 저에게 쏟아진 겁니다.

일요일 아침 9시부터 저녁 9시까지
초등학교 5학년 때부터 고3 때까지
어린이 성가대, 어린이 예배, 어른 성가대, 어른 예배,
오후 찬양팀, 오후 예배, 학생부, 금요 철야, 부흥회, 수련회….

교회의 모든 반주를 제가 도맡아서 했습니다.
그때의 어파로 제 왼쪽 손목의 연골은
지금도 마모되어 있습니다.

그때 당시, 교회의 모든 사람이
저를 칭찬했던 기억이 납니다.

그럴 만도 하지요.
목사님의 아들보다 더 많이 봉사했으니까요.

그런데 재밌는 건, 그 칭찬의 내용입니다.

"성진이는 반주를 참 열심히 해!"
사람들은 이렇게 칭찬하지 않았습니다.

"성진이는 참 **믿음이 좋아!**"
이렇게 칭찬했지요.

아마 그때의 교회 사람들도
'활발한 교회 활동이 곧 믿음이다'라고
생각했던 것 같습니다.

그 칭찬들 덕에 저는 제 믿음에
굳센 확신을 지니며 살았습니다.
그러나 얼마 지나지 않아 제 믿음은
그 실체를 여실히 드러내었죠.

스무 살이 되었을 때
대학교 앞에서 자취를 시작하게 되어 집을 떠난 후,
저는 일요일에 더 이상 교회에 나가지 않았습니다.

'나가야 한다'라는 의무감은 분명히 있었습니다.
그러나 '굳이?'라는 생각이 더 앞섰습니다.

학교 앞 낯선 교회에는
부모님도 안 계시고, 아는 사람도 없고,
제가 맡은 일도 없었습니다.
그러니 굳이 귀찮게 내 몸을 움직이고 싶지 않았거든요.

그때 깨달았습니다.
'난 그동안 하나님 때문에 교회 간 사람은 아니었구나.'
그리고 실제로 그게 맞았죠.

어렸을 때, 눈 떠보니 저는 교회에 있었습니다.
교회는 친구를 만날 수 있는 장소였고
축구를 할 수 있는 장소였고
나중엔 내가 봉사하는 장소였죠.

그 이유만으로 20년간 교회에 머물기는 충분했습니다.
하지만, 그 이유가 하나하나 사라지자
내가 교회에 갈 이유는 남지 않았습니다.

교회에 하나님은 여전히 계셨죠.
하지만, 정작 내 마음에 하나님은 없었습니다.
저는 그동안 신앙생활이 아닌 **교회 생활**을 했거든요.

이것이 바로
교회 활동을 믿음의 근거로 보기 어려운 이유입니다.
믿음이 없어도 교회 활동을 하는 데는
아무런 문제가 없거든요.

지금도 교회에서
수많은 사람이 활발하게 활동하고 있습니다.

그 모습을 먼발치에서 바라본다면
아름다운 모습으로 볼 수도 있겠지만
개개인의 심장으로 줌을 한번 당겨볼까요?

정말로 우리가 봉사하는 이유 중엔
믿음만 있나요?
아니면, 다른 이유도 섞여 있나요?
혹은 그 다른 이유가
믿음보다 더 큰 원동력은 아닌가요?

교회 생활의 원동력은 어떤 것이 있을까요?
우리의 경험을 떠올리며 하나하나 곱씹어봅시다.

1) 가족 때문에

부모님의 강요, 아내의 협박으로
교회에 출석하는 사람이 많습니다.
개인의 자율보단 가정의 평화를 선택하는 거지요.

그리고 그 가족에게 인정받기 위해
혹은 그 가족을 안심시키기 위해
직분을 맡아 봉사하기도 합니다.

2) 인정 욕구 때문에

아무래도 공동체에서 봉사를 많이 하면
사람들의 인정과 칭찬을 많이 받게 되겠지요.
사회나 학교와는 달리 교회에선
일이 서툴더라도 열심만으로 박수를 쳐주곤 합니다.
그때 채워지는 자존감도 큰 동력이 되지요.

특히 찬양팀이나 워십 댄스처럼
많은 사람의 시선에 노출되는 봉사의 경우,
오히려 서로 맡겠다고 갈등이 발생하기도 합니다.

3) 재미 때문에

악기 연주, 어린이 부서 봉사처럼
취향에 맞는 봉사는
그 자체로 큰 즐거움을 줍니다.

특히 학생들의 경우는
또래가 모여있는 곳이라는 사실 만으로
교회에 큰 재미를 느끼기도 합니다.

4) 관계 때문에

교회에서는 관계의 만족감도 채울 수 있습니다.

공통점이 있는 사람과의 만남은
우리에게 안정감을 채워주고
사회 속에서 경쟁 관계에 지친 현대인에게
위로가 되어주기도 합니다.

5) 책임감 때문에

갑자기 덜컥 교회 봉사를 제안받는 경우가 있습니다.
보통은 거절하기 어려워 그 봉사를 맡게 되지요.

그 이후로는 일에 대한 책임감 때문에
교회를 빠지기가 쉽지 않습니다.
결국 어쩔 수 없이
교회에 출석하고 봉사하게 됩니다.

6) 불안감 때문에

교회에 빠지거나 봉사 제안에 불응하면
하나님이 나를 벌하실지도 모른다는 불안감에
교회 활동을 활발히 하는 경우도 있습니다.

심지어 어떤 공동체는 이런 생각을
의도적으로 부추기기도 하지요.

7) 명예욕 때문에

사람이 모이면 사람의 시선이 모이는 곳이 생기고
그곳은 바로 명예가 발생하는 지점이 됩니다.
그리고 누군가는 그 명예가 탐나
교회에서 활발히 활동하기도 하지요.

더러는 교회 조직의 효율과 기능을 위해
여러 형태의 자리가 발생하는데
어떤 사람은 그 자리가 주는 명예에 취하기도 합니다.
그 명예욕만으로도 헌신적인 봉사자는 등장할 수 있지요.

8) 이득 때문에

누군가에겐 교회에서 열심히 봉사하는 것이
실질적인 이득을 가져다주기도 합니다.
악기를 다루는 사람은
연주 인맥과 경험을 쌓으려 봉사하기도 하고,
사업하는 사람은 인맥을 넓히고
대외적으로 친숙한 이미지를 만들고자 교회에 오기도 합니다.
더러는 혼기가 되어 짝을 찾으러 교회에 오기도 하지요.

자, 지금까지 이야기한 원동력들은
신앙과 무관하거나
관련이 있다 하더라도
올바른 신앙이라고 보기 어렵습니다.

하지만, 이런 이유를 가지고도
**교회에서 열심을 내는 데에는
아무런 문제가 없습니다.**

믿음이 있어서 열심을 낼 순 있겠지만
열심을 내는 모든 사람이 하나님을 믿는 건 아닙니다.

그러니 교회 활동을 열심히 하는 것을
신앙의 기준으로 삼는 것은 아주 섣부른 일이지요.

어릴 때의 저는 그걸 몰랐어요.
책임감과 인정 욕구 때문에
교회 생활을 열심히 했을 뿐인데
"신앙이 좋다"라는 평가를 들으니
내가 신앙이 있는 줄 알았죠.

성경 속 바리새인들을 봅시다.

우리는 바리새인들을 비판적 시각으로 볼 때가 많지만

이들은 누구보다 신앙에 있어서 열심이었던 사람들입니다.

헬라 제국 치하에서

이스라엘 민족의 잃어가는 신앙을 회복하기 위해

율법과 정결함을 지키는 데 자신을 헌신한 사람들입니다.

이들은 규칙적으로 하루 세 번 이상 기도했고

율법을 외우고 유대인에게 가르쳤으며

매주 금식을 실천했습니다.

그런데도 예수님은 바리새인들을 비판하셨지요.

"율법학자들과 바리새파 사람들아! 위선자들아!

너희에게 화가 있다.

너희는 회칠한 무덤과 같기 때문이다.

그것은 겉으로는 아름답게 보이지만,

그 안에는 죽은 사람의 뼈와 온갖 더러운 것이 가득하다.

마 23:27 새번역

겉으로 보이는 그들의 열심은 화려했지만
그 마음속에는 허영과 우월감, 명예욕 등
온갖 불순물이 가득했기 때문입니다.

우리는 잊어선 안 됩니다.
교회 생활과 신앙생활은 다릅니다.

하나님에 대한 믿음 없이도 얼마든지
성실한 교회 생활을 할 수 있고
주변에서 보기에도 아무 문제가 없지요.

거기서 주어지는 사람들의 칭찬, 일의 보람,
채워지는 인정 욕구 등은 큰 만족감을 줍니다.

그래서 종종 착각하지요.
'이것이 하나님을 믿는 기쁨이구나'라고.

그러나 그것은 일에서 오는 기쁨일 때가 많습니다.
성실한 교회 활동, 그 자체는 결코
올바른 믿음의 기준이 될 수 없습니다.

모범생의 요약 노트 ✏️

- 잘못된 믿음의 기준을 가지고 있으면 자기의 믿음 상태를 잘못 진단할 수 있기에, 내가 가지고 있는 믿음의 기준이 잘못되지는 않았는지 우선 점검해보아야 한다.

- 믿음이 있기에 교회 활동을 성실히 할 수도 있지만, 믿음이 없어도 교회 활동을 성실히 하는 데는 문제가 없으므로 교회 활동만을 가지고 믿음의 기준을 삼는 것은 옳지 않다.

- 교회 활동에는 믿음 외에도 다양한 원동력이 개입될 수 있다. 현재 나의 원동력은 무엇인지 심도 있게 관찰해보아야 한다.

대화해봅시다

1. 본문에서 제시된 교회 활동의 원동력 중 어떤 원동력에 가장 공감이 가나요?

2. 믿음 없는 교회 활동/교회 봉사를 경험한 적이 있나요?

3. 교회 활동을 곧 믿음이라 판단할 경우, 어떤 문제가 생기게 될까요?

 3강
저는 하나님의 살아계심을 믿어요!
- 잘못된 믿음의 기준 (2,3)

물론 악기 만지는 게 좋아서
교회를 나갔던 건 맞지만
그래도 난 분명히 하나님을 믿는다.

난 분명히 세상을 만든
창조주가 있다고 생각하고
그분이 내 기도에
응답하시는 것도 경험했으니까.

그런데…
이런 내가 하나님을
안 믿고 있을 수 있다고?

제가 군대에서 겪었던 이야기를 잠깐 해볼게요.

저는 '군종장교'였습니다.
흔히 '군목'이라고도 하지요.
성직자 겸 군인으로,
군부대 내 종교활동을 담당하는 위치입니다.

부대 내 교회를 지키는 게 주된 업무인데
이따금 교회에 신병이 찾아올 때가 있습니다.
신병 중에 기독교인이 있으면 부대 적응을 도울 겸
포대장님이 교회에 보내실 때가 종종 있거든요.

"처음 보는 친구네. 신병이니?"
"네, 그렇습니다!"
"아, 그렇구나. 모태신앙이야?"
"네, 그렇습니다! 어렸을 때부터 교회 다녔습니다!"

아직 군기가 바짝 들어있는 그 친구에게
싸이버거(초코파이는 옛말입니다!)와 콜라를 대접하면
군기가 조금씩 풀리면서 편안한 대화가 가능해집니다.

그럴 때 제가 꼭 물어본 질문이 있지요.

"여기는 너랑 나밖에 없잖냐?
너희 부모님도 없고, 너희 교회 목사님도 없고.
그러니까 솔직히 말해보자."

자리를 당기고, 얼굴을 가까이하며
낮은 목소리로 제가 묻습니다.

"솔직하게, 너 진짜 하나님 믿냐?"

이때 병사들의 80퍼센트는 거의 비슷한 대답을 했습니다.

"믿기…는 합니다."

"응? 그게 무슨 소리야, 믿기는 한다는 게."

"제가 솔직히 교회를 엄마, 아빠 때문에
그냥 끌려가듯이 가긴 했는데
그렇다고 하나님을 안 믿는 건 아닙니다.
전 진짜 그분이 계시긴 한 것 같아요."

"그래? 어떻게 그걸 믿게 되었어?"

"제가 우주에 관심이 정말 많은데
우주가 엄청 넓고 복잡하잖습니까?
그런 걸 볼 때마다
'아, 확실히 이걸 창조하신 분은 계신 게 맞는 것 같다'
그런 생각을 합니다."

즉, 이 친구의 생각에서는

**'하나님의 존재를 믿기 때문에,
나는 하나님을 믿는 것이 맞다'**

라는 것이죠.

이것이 바로 두 번째의
잘못된 믿음의 기준입니다.

잘못된 믿음의 기준 두 번째 : 신의 존재를 믿는 것
- 신의 존재를 믿으면, 나는 하나님을 믿는 것이다 -

이러한 믿음의 기준이 담겨 있는
또 다른 대화를 하나 제시해보겠습니다.

"목사님, 실은 저도
스무 살까지 교회 다녔습니다. 허허."

교회 바깥에서 사람들과 교제하다가
제가 목사인 걸 밝히고 나면
저에게 이런 고백을 하시는 분이 가끔 있습니다.
보통은 회식 자리에서 술이 한두 잔 들어가신 상태지요.

"아, 정말요?"
"네. 제가 고등부 회장도 했고 찬양팀 인도도 했어요."
"아, 그런데 왜 요즘은 교회 안 다니세요?"
"참 이게… 대학 다니면서 차츰차츰 빠지다가
직장 생활하고 결혼도 하다 보니, 교회 나가는 걸 좀 놓쳤네요.
벌써 안 간 지 20년은 됐죠."
"그러면 하나님은 안 믿으세요?"

이렇게 물으면 고개를 세차게 저으며 말씀하십니다.

"아뇨! 저는 그래도 하나님은 믿어요!
저는 정말로 창조주가 계신다고 믿거든요!"

이 대화에서 느껴지는 믿음의 정의는 이것이지요.
'하나님의 존재를 믿으면, 하나님을 믿는 것이다.'

물론, 좋은 고백은 맞습니다.
하지만 이것만으로
'믿음'이라고 이야기할 수 있을까요?

사람들은 다양한 경로로 하나님의 존재를 믿게 됩니다.

자연을 관찰하다, 자연의 복잡성을 설명하기 어려워
하나님의 존재를 믿기도 하고요,
세상의 모든 것엔 원인이 있을 것이란
철학적 사고를 통해 하나님의 존재를 믿기도 하지요.

더러는 기적을 경험하거나 목격하고서
인간이 설명하기 어려운 능력을 지닌
어떤 특별한 존재가 있음을 믿기도 합니다.

하나님의 존재를 인정하는 사람들이 점점 줄어드는 이 시기에
하나님의 존재를 믿게 되었다는 건
분명 기특한(?) 일일 겁니다.

그런데도 이 기특한 일을
왜 '믿음'이라고 말하기 어려운 걸까요?

이런 믿음을 가지고 있을 때
첫 번째 마주해야 할 질문은 이것입니다.

'그 신이 성경 속 여호와라고 단정할 수 있는가?'

세상을 창조한 존재,
혹은 세상을 다스리는 영원한 절대자는
성경에서 기록하는 여호와의 모습이기도 하지만,
어느 종교에서든 찾아볼 수 있는
일반적인 신의 모습이기도 합니다.

기독교인이 아니어도
세상의 많은 사람은 신의 존재를 믿고,
예로부터 믿어왔습니다.

'세상을 창조한 절대자'의 존재를 믿는다면
어쩌면 그것은 하나님이라기보다
누구나 믿고 있는 '신'에 대한 믿음에 가까울 겁니다.

그러나 성경이 요구하는 믿음은
단순한 신에 대한 믿음이 아닙니다.
여호와에 대한 정확한 믿음을 요구하지요.

너는 나 외에는 다른 신들을 네게 두지 말라
출 20:3

그렇기에 단순히
'강한 절대자, 창조주를 인정한다'라는 믿음을
여호와에 대한 믿음이라고 보기엔
아직 무리가 있습니다.

또한 우리가 누군가의 존재를 알고 있다는 것이
그 사람과 어떤 관계가 있음을 의미하진 않습니다.

"나 카리나 안다!"
"어, 진짜? 어디 사는지 알아?"

"아니…"
"그럼, 예전에 친구였어? 같은 학교 나왔어?"
"아니…, 그냥 카리나가 존재하는 걸 알아."

이렇게 말하는 친구가 있다면
그 자리에서 욕을 한 바가지 얻어먹을 겁니다.

누군가의 존재를 인정한다는 건,
그와 관계를 결심하는 시작점이 될 수는 있겠지만,
그 자체만으로 아직 어떤 관계가 만들어진 건 아닙니다.

그래서 성경을 보면
심지어 사탄도 하나님을 믿는다고 하지요.

그대는 하나님께서 한 분이심을 믿고 있습니다.
잘하는 일입니다. 그런데 귀신들도 그렇게 믿고 떱니다.
약 2:19 새번역

상당히 냉소적인 말투로 우리의 착각을 짚어주지요?
하나님의 존재를 믿는 것만으로는
아직 믿음으로서 의미를 지니기 어렵다는 이야기입니다.

잘못된 믿음의 기준 세 번째 : 하나님의 지키심을 믿는 것

- 하나님이 나를 지키심을 믿으면, 하나님을 믿는 것이다 -

신앙생활 중에 흔히 들을 수 있는 믿음에 관한 대화입니다.
이 대화를 하는 사람이 가진 믿음의 기준은 무엇인가요?

"야, 너 이제 20대 후반인데
소개팅 같은 것도 좀 해야 하지 않아?"
"아냐. 나는 하나님이 내 배우자를
예비하셨으리라고 믿어!"
"와, 너는 참 믿음이 좋구나!"

대답하기 전에 비슷한 대화를 몇 개 더 살펴볼까요?

"저는 하나님을 믿고 있어요.
제가 기도할 때 언제든 응답하실 걸 믿거든요."

"저도 하나님을 믿고 있어요.
내 삶에 항상 함께하시고
제 앞길을 예비하셨음을 믿어요."

아마 비슷한 고백들을 교회에서 많이 들어보셨을 겁니다.

이 대화들에서 공통적으로 찾아볼 수 있는
믿음의 기준은 '하나님의 지키심을 믿는 것'입니다.

'하나님이 나와 함께하시고 나를 지키실 것을 믿는다.
그것을 믿기에 나는 하나님을 믿는 것이다.'

어떤가요?
믿음의 근거로 삼기에 적합한 기준일까요?

이 고백들이 강조하고 있는 것은 무엇인가요?

"저는 하나님을 믿고 있어요.
제가 기도할 때 언제든 응답하실 걸 믿거든요."

"저도 하나님을 믿고 있어요.
내 삶에 항상 함께하시고
제 앞길을 예비하셨음을 믿어요."

이 고백들이 반복적으로 강조하는 것은
하나님이 아니라 **자기 자신**입니다.

이런 종류의 믿음은 하나님을 믿는 듯하지만,
자기 삶에 대한 불안을 채우기 위해
그것을 채워줄 절대적 존재를 믿는 것이지요.

즉, 하나님에 대한 믿음이라기보단,
수호신에 대한 믿음이라고 보는 게 적합합니다.
이런 방식의 믿음은 어느 민족, 어느 국가를 가도
모양만 다른 형태로 똑같이 찾아볼 수 있지요.

혹시 주변에 꼬박꼬박 절에 다니는 어르신이 계신가요?
그분들은 무릎도 안 좋으시면서
아침마다 산에 오르시고
심지어 매번 108배까지 하시지요.

"아이구, 할머니! 무릎도 안 좋은 분이
왜 이렇게 새벽마다 절에 올라가시는 거예요?"
그러면 그분들은 뭐라고 대답하실까요?

"아이구, 여기 계신 부처님이
우리 집안을 지켜주셔서 얼매나 든든헌지 몰러.
부처님 덕분에 내 무릎 수술도 아주 잘 끝났고,
이번에 우리 아들내미도 공무원 시험에
단번에 합격했잖어."

저는 비슷한 고백을 해외에서도 들어본 적이 있습니다.
말레이시아로 여행을 갔을 때
힌두교 사원을 방문한 적이 있습니다.

마당을 쓸고 있는 한 젊은 승려가 보여
조심스레 말을 걸었습니다.

"안녕하세요! 저는 한국에서 온 여행객인데
이 종교에 관한 설명을 좀 듣고 싶어요."

그러자 그 승려는 빗자루를 내려놓고
신난 표정으로 설명하기 시작했습니다.

"우리가 믿는 신은요, 우리를 만드셨고,
우리를 사랑하시고 우리를 지키십니다.

그 신은 우리와 늘 함께하시지요.
그 신은 우리의 기도를 들으십니다.
물론 그 기도가 신의 뜻에 합당하지 않으면
우리의 기도를 거절하실 때도 있지만
우리를 사랑하시기에 끝까지 우리와 함께하십니다."

그 이야기를 듣는데 소름이 돋았습니다.
'아니, 이거 우리만 고백하는 거 아니었나?'

사실은 그렇지 않았습니다.
'신'을 믿는 종교 대부분에서
비슷한 고백을 찾아볼 수 있지요.

어떤가요? 당신의 신앙고백은
절에 다니는 할머니, 힌두교 승려의 고백과
절대적으로 다른 형태의 신앙고백인가요?

인간에겐 누구나 종교 본능이 있습니다.
인생이라는 험한 길을 걸어갈 때
자신의 무력함을 느끼게 되는 순간이
종종 찾아오지요.

자신이 어찌할 수 없는 인생의 불공평함 앞에서
죽음이란 피할 수 없는 절망 앞에서
거대한 자연재해 앞에서 좌절을 느낍니다.

그 좌절을 이겨낼 수 있도록
이 모든 문제를 초월한 절대자의 도움을 필요로 하지요.

그 절대자를 향한 열망은 신을 떠올리게 만들고
저마다 각자 다른 형태의 수호신을 만들고
그것을 숭배하게 합니다.

물론 이 종교 본능은 하나님을 향한 열망을 만들어줘
올바른 신앙을 갖게 되는 도구로 쓰이기도 합니다.

하지만, 이 종교 본능은 다른 신들로도
얼마든지 채울 수 있다는 게 문제지요.

하나님을 믿는다 하더라도
이 종교 본능을 채울 목적으로 믿으며
하나님을 '내 삶을 도와주는 수호신' 정도로 여긴다면
그것을 올바른 믿음이라고 보긴 어려울 겁니다.

무엇보다 이러한 '수호신 믿음'은
다음과 같은 질문에서 자유롭기가 어렵습니다.

'삶에 고난이 찾아왔을 때도 그 신앙이 유지될 수 있는가?'

이런 믿음을 가진 사람은
어느 정도 감당할 크기의 고난이 올 땐
고난에 애써 의미를 부여하며 그 믿음을 지켜냅니다.

'하나님이 나를 겸손하게 만드시려고
사업을 망하게 하신 거야.'
'하나님이 사람을 의지했던 나를 책망하시려고
이혼하게 하신 거야.'

그러나 어떤 고난은
도저히 그 의미를 찾을 수 없을 정도로
고통스러울 때가 있습니다.

배우자의 외도를 목격하게 된 사람,
불치병으로 평생을 고통 가운데 앓는 사람,
끔찍한 참사로 자녀를 잃은 사람…

이러한 고통은 때론 그 어떤 방식으로도 이해하기 어렵습니다.

**"도대체 내 자녀를 잃게 해가면서까지
나한테 줘야 할 이득이 뭐가 있단 말입니까?"**

'하나님의 지키심'을 신앙의 근거로 여겼던 사람은
이런 고통 앞에서 자기 신앙을 유지하긴 어려울 겁니다.

성경을 보더라도,
하나님을 신실하게 믿었으나
인생의 마지막을 비참하게 맞이했던 사람이 많습니다.

당장 예수님의 제자들이 그러했지요.
성경과 전승에 따르면
야고보를 필두로, 요한을 제외한 제자들은 모두
끔찍한 최후를 맞이했습니다.

성경에서 가장 많은 책을 기록한 바울은
오히려 예수님을 믿고 나서 평생을 고통 속에 살다가
마침내는 처형되고 말았죠.

그럼에도 '하나님이 내 삶을 지키실 것'을
믿음의 근거로 삼는다면,
그 믿음은 너무나 흔들리기 쉬울 것입니다.

결국,
"하나님이 나를 지키심을 믿어!"라는 고백은
하나님에 대한 믿음이라기보단
자기애의 연장선에 가깝다고 볼 수 있습니다.

'내 삶이 안전하면 좋겠어.'
'내 삶이 더 풍요로우면 좋겠어.'
'멋진 배우자가 마련되어 있으면 좋겠어.'

결국은 자기 삶에 대한 애착을
종교적 형태로 풀어낸 경우이기에
아직 '믿음'이라고 하기엔 어려운 상태입니다.

성경을 보면 '지키심'에 대한
굳센 믿음을 가지고 있던 사람들이 등장합니다.

바로, 실로에서 블레셋과의 전투를 앞두었던
이스라엘 민족입니다(사무엘상 4장).

"하나님이 우리와 함께하시면
우리는 전쟁에서 이길 것이다!"

그들은 굳센 믿음을 가지고
하나님의 임재를 상징하는 법궤를
전쟁터로 가지고 왔지만,
정작 하나님의 뜻은 궁금해하지 않았습니다.

하나님께서 그 전쟁을 기뻐하시는지,
혹은 하나님께서 자신들이 어떻게 살기를 바라시는지
전혀 관심을 두지 않았습니다.

그저 자신들을 지켜주고 보호해주고
잘 먹고 잘살게 해줄 '수호신'으로서 하나님을 대했죠.

그 결과가 어땠는지 잘 아시지요?
이스라엘은 전쟁에서 처참하게 패했습니다.

하나님은 그들의 잘못된 믿음에
철저히 응답하지 않으심으로
단순히 우리의 소원을 들어주는
수호신이 아님을 드러내셨습니다.

우리는 이번 장에서
두 가지의 잘못된 믿음의 기준을 보았습니다.
하나는 하나님의 존재를 믿는 믿음이고,
두 번째는 하나님의 지키심을 믿는 믿음입니다.

하나님의 존재를 믿는 믿음이든
하나님의 지키심을 믿는 믿음이든
이런 종류의 믿음만 있어도
우리는 종교적 감정을 충분히 느낄 수 있습니다.

절대자가 존재한다고 믿고 있기에
든든함과 **경외감**을 느낄 수 있습니다.

또 그분이 나를 지키고 함께하신다 생각하면
행복함과 안정감, 감동도 느낄 수 있습니다.

그 사실을 음악과 함께 고백하면
찬양할 때 **눈물이 흐르는 것**도 어렵지 않지요.

그러나 그런 감정은
'내 모든 마음을 알고 나를 지키는 절대자'를 상정할 때
누구나 가질 수 있는 감정이기도 합니다.

그렇기에 타 종교, 이단에 출석하는 사람도
비슷한 감정을 경험하는 것이지요.

자신의 믿음을 평가할 때
자기감정을 기준으로 삼아선 안 되는 이유가
바로 이것입니다.

어떠신가요?
하나님의 존재를 믿는 것만으로
나는 하나님을 믿는다고 생각하진 않으셨나요?
혹은 그분이 내 삶을 지키신다는 그 믿음을
믿음의 기준으로 생각하진 않으셨나요?

모범생의 요약 노트

- 잘못된 믿음의 기준 두 번째는, 단순히 하나님의 존재만을 믿는 믿음이다.

- 신을 믿는 것이, 반드시 성경 속 하나님을 믿는 것을 의미할 순 없으며, 존재를 믿는다고 그 존재와 관계가 있다는 것을 의미하진 않는다.

- 잘못된 믿음의 기준 세 번째는, 하나님의 지키심을 믿는 믿음이다.

- 이러한 믿음은 인간의 불안함을 채우기 위한 종교 본능일 가능성이 있으며, 그러한 믿음은 성경에서 말하는 믿음과 차이가 있다.

대화해봅시다

1. 하나님의 존재를 믿는 것을 '믿음'이라고 생각했던 적이 있나요?

2. 하나님의 지키심을 믿는 것을 '믿음'이라고 생각했던 적이 있나요?

3. 하나님의 존재와 지키심만 믿고 있어도,
   우리는 종교적 감정을 충분히 느낄 수 있습니다.
   그렇다면 왜 이것이 올바른 믿음이 되지 못하는 걸까요?

4. 수호신을 믿듯이 하나님을 믿는 신앙도 있을까요?
   그런 신앙을 목격했거나 경험한 적이 있다면 이야기해봅시다.

4강
저는 하나님을 만났어요!
- 잘못된 믿음의 기준 (4)

"나는 하나님을 만났어!"
교회에서 종종 들을 수 있는
이야기다.

도대체 어떻게 하나님을
만났다는 걸까?
누군가는 환상을 봤다던데
누군가는 기도하다 쓰러져서
천국을 봤다던데
왜 나는 그런 일이 생기지 않지?

다음 주에 수련회를 간다고?
마지막 날 저녁 기도회 때
울음이 잘 나와줘야 할 텐데….

잘못된 믿음의 기준 네 번째 : 하나님을 체험하는 것

- 하나님을 직접 체험하면, 하나님을 믿는 것이다 -

"하나님을 언제 만났어?"
"내가 하나님을 인격적으로 만난 순간은 말야…"
"나는 어려서부터 생각 없이 교회를 다니다가
그 수련회에서 하나님을 인격적으로 만나고 나서
비로소 제대로 된 신앙생활을 시작했어."

하나님의 존재를 인식하게 되었거나
하나님을 진심으로 믿게 된 계기를 말할 때
"하나님을 만났다"라고 표현합니다.

그런데 성경에 '하나님을 만난다'라는 개념이
구체적으로 등장하지는 않습니다.
오히려 하나님은 그분과 직접 대면하길 원한 모세에게
"나를 본 사람은 아무도 살 수 없다"라고 하셨죠(출 33:20).

즉, 한국 교회에서 사용하는 '하나님 만남'은
그 기원을 정확하게 알기 어려운,

우리만의 독특한 표현입니다.
그렇다 보니 '하나님 만남'이라는 말을 사용할 때
사람마다 그 의미가 제각기 달라,
어떤 현상을 가리키는지 모호할 때가 많습니다.

보통 교회 내에서 이 표현이 쓰이는 사례를 조사했을 때
'하나님 만남'으로 여기는 현상들은
다음 세 가지로 요약될 수 있었습니다.

1) 감정적 격변
찬양이나 기도 등 종교적 활동을 하던 중
감정에 큰 변화가 찾아왔을 때
갑자기 울음이 터지거나
행복감이 올라오는 현상 등으로 나타난다.

2) 신비한 체험
하나님의 음성이 들린다든가,
신비한 빛이 보인다든가,
환상을 보는 등 일상생활에서 경험하기 어려운
신비한 체험을 한 경우

3) 기도의 응답

하나님이 없는 줄로만 알았다가,

특정한 기도가 응답되는 것을 보고

하나님의 존재를 인정하게 된 경우

이 3가지 사례 모두 신앙생활을 하다 보면

주변에서 흔히 들을 수 있는 것들이지요.

이런 사례들을 경험하고 나서

하나님에 대한 신앙이 깊어졌을 때

우리는 그 현상을 '하나님 만남'이라 부르곤 합니다.

그리고 이런 체험을 하고 나면

'나는 하나님을 체험했으니,

당연히 하나님을 믿고 있다'

라는 확신을 갖게 되지요.

자, 과연 이런 경험들은

믿음의 기준으로 삼을 수 있을까요?

각 사례가 지니는 맹점들을 하나하나 분석해봅시다.

1) 감정적 격변

'하나님 만남'으로 가장 많이 언급되는 사례지요.
특히 수련회나 찬양 집회 현장에서
찬양이나 기도 중 뜨거운 눈물을 흘리게 되었을 때
많은 사람이 "하나님을 뜨겁게 만났다"라고 말하곤 합니다.

그래서 이틀 이상 이어지는 수련회의 경우,
마지막 날 저녁 기도회에 가장 집중하고 중점을 두어

참석자들이 그 기도 시간에 뜨거운 눈물 가운데
하나님을 만날 수 있도록 온 힘을 쏟습니다.

그리고 바로 이 지점에서
'감정적 격변'이 지니는 가장 큰 맹점이 발생하게 됩니다.

그것은 바로 '감정의 원인'을 알기 어렵다는 것입니다.

수련회나 집회의 많은 요소가
참석자들의 감정의 동요를 돕도록 설계되어 있습니다.

어둑어둑한 조명,

서정적이면서도 때론 격정적인 악기 소리,

인도자의 호소력 짙은 외침 등은

실제 집회에서 거의 빠지지 않고 등장하는 장치들이지요.

이런 가운데서 느끼는 감정의 격변은

그 원인이 하나님이었는지

아니면 장치였는지를 파악하기가 어렵습니다.

그래서 이러한 이야기를 쉽게 들어볼 수 있습니다.

"수련회에서 정말 뜨겁게 울면서 하나님을 만났거든요?

그런데 막상 교회에 돌아오니까 그때처럼 뜨겁게

하나님을 만나기가 어려운 거예요."

수련회 현장이나 교회나

하나님은 공통적으로 계신데

수련회에서는 뜨겁게 하나님을 만났고

교회에서는 뜨겁게 하나님을 만나기 어렵다면

어쩌면 그 '뜨거움'의 원인은 하나님이 아니라

장치라고 보는 것이 더 합리적일 겁니다.

교회에서는 수련회 현장처럼
다양한 장치를 매주 마련하기 어려우니
수련회에서 경험했던, **장치로 인한 뜨거움**을
교회에서 경험하기 어려운 것은 당연하겠지요.

오해하지 않아야 할 것이 있습니다.
수련회에서 준비하는 음악, 조명 등의 장치가
잘못되었다고 이야기하는 것이 절대 아닙니다.

하나님께 우리의 마음을 고백할 때
감정을 북돋는 여러 장치는 분명 좋은 기능을 합니다.
성경에서도
악기를 적극적으로 사용한 예가 등장하고요.

하지만 이러한 장치의 효과가 너무 좋다 보니
하나님을 전혀 경험하지 않았음에도
눈물, 기쁨 같은 감정적 격변을 경험할 때도 있습니다.

이런 사례를 '하나님 만남'으로 말하기엔
무리가 있을 겁니다.

더러는 의무감이

감정적 격변의 원인이 되기도 합니다.

찬양하고 기도할 때 눈물을 흘리는 것을

신앙의 깊음을 판단하는 척도로 여기기도 하다 보니

교회에서 주목받는 위치에 있거나

평소 신앙이 좋다는 말을 듣는 사람들은

울어야 한다는 의무감을 느끼기도 합니다.

'이번 수련회에서 기도할 때

눈물이 좀 잘 나와야 할 텐데….'

그 의무감으로 감각이 예민해지면

울음이나 기쁨과 같은 감정도 쉽게 올라오게 되지요.

이렇듯 하나님이 아닌 다른 요소로도

감정적 격변은 충분히 발생할 수 있기에

"누가 울었대", "누가 기쁘게 찬양했대"와 같이

표면적으로 보이는 감정만으로

'하나님 만남'의 증거를 삼긴 어려울 겁니다.

2) 신비한 체험

"기도하는데 갑자기 뜨거운 기운이 내 몸을 감쌌어."
"하나님의 음성이 들리는 거야. 내가 너를 사랑한다고."
"하늘에서 신비한 빛이 내려오는 걸 봤어."

앞선 감정적 격변의 경험담만큼 흔하진 않아도,
위와 같은 신비한 체험에 대한 경험담은
주변에서 어렵지 않게 들어볼 수 있는 이야기입니다.

이런 신비한 체험을 하게 되면
하나님의 존재에 대해 의심하던 사람은
그 의심을 지울 수 있게 되고
비일반적인 경험이 선사하는 황홀감도 누리며
하나님께 더 특별한 대우를 받는 듯한 기분도 듭니다.

그래서 많은 사람이 신비한 체험을 사모하기도 하지요.

이런 신비한 일은 오직 하나님의 능력으로만
이루어질 수 있는 일이기에

이러한 경험을 하고 나면
대개 "하나님을 만났다"라고 말합니다.

그런데 이 사례가 가진 맹점 역시
무시해선 안 됩니다.

사람은 착각을 잘 만들어냅니다.
착시와 환청 같은 증상은 인간의 감각이
얼마나 착각에 약한지를 잘 보여주지요.

특히나 사람이 어떠한 현상을 간절히 바랄 경우
실제로 그 현상이 일어나지 않았는데도
그 현상과 비슷한 것을 보고
그 현상이 일어났다고 믿어버리기도 합니다.

네스호의 괴물이나 UFO 목격담이
대표적인 사례라고 할 수 있겠지요.

이것을 신비한 체험에 적용해봅시다.

종교적 고양감이 가득한 기도 현장은
우리의 감각이 왜곡되기 좋은 환경입니다.

강렬한 천장 조명은
마치 신비한 빛처럼 보일 수도 있고
소란 중에 들린 옆 사람의 기도 소리는
하나님의 음성처럼 들릴 수도 있습니다.

그 와중에
신비한 체험을 너무 사모한 나머지
내 마음속에서 올라온 나의 생각을
하나님의 음성이라고 쉬이 믿어버리기도 합니다.

더러는 사람들의 열기로 올라간 현장의 온도를
하나님의 감싸안음 내지는 성령의 불길이라고
의미를 부여할 때도 있지요.

왜 굳이 부정적인 시선으로 바라보냐고
물으실 수도 있을 겁니다.

그러나 이러한 착각은
우리의 신앙 가운데
분명히 발생할 수 있는 일인데
이 모든 착각을 '하나님 만남'이라 여긴다면
이에 따른 신앙 부작용도 상당할 겁니다.

예를 들어,
자신의 자발적인 생각을
하나님의 음성이라 여기게 되면,
자기 뜻을 하나님의 뜻이라며
강행할 우려도 있겠지요.

아직 하나님에 대한 올바른 믿음이 없음에도
이러한 현상의 경험을 근거로
자기 믿음을 과신하게 되면
자신의 신앙 상태를
정확히 진단하지 못하는 일도 발생합니다.

3) 기도의 응답

하나님이 없는 줄 알았는데,
혹은 계시더라도 나와 무관한 줄 알았는데

내가 간절히 기도한 어떤 기도가 응답됐을 때
하나님과 나 사이의 연결고리가 있음을
확인하게 되면서
"하나님을 만났다"라고 말하는 경우가 있습니다.

아름답게만 보이는 이 사례에서
우리는 어떤 것을 놓치고 있을까요?

내가 간절히 기도한 일이 뜻대로 이루어졌을 때
그것이 하나님의 일인지
아니면 살다가 으레 발생할 수 있는 일인지
우리에게 그것을 명확히 구분할 수 있는 지혜는 없습니다.

예를 들어,
기적적으로 병이 나은 사례는
비그리스도인들 중에서도 쉽게 찾아볼 수 있고

간절히 기도해서 시험에 합격한 사례는
이것이 내 노력의 결과인지
하나님의 도우심인지 알기 어렵습니다.

마치 지각으로 서두르는 출근길에
때맞춰 바뀐 초록색 신호를 보고서
비그리스도인이 "운이 좋았어!"라고 외칠 때
그리스도인은 "하나님이 도우셨어!"
하고 외치는 것처럼요.

그래서
'어쩌면, 누구에게든 평범하게 벌어질 수 있는 일에
하나님의 응답이라는 의미를 부여한 것은 아니었을까?'
하고 스스로 의심하게 될 때도 있지요.

물론, 내가 이미 그리스도인이라면
그 모든 일을 하나님의 이끄심으로 고백하고
감사기도를 올리는 것이 신앙적으로 유익할 것입니다.

하지만, 이러한 경험을 믿음의 근거로 삼는다면
언젠가는 신앙의 불안함이 찾아올 수 있습니다.

"제가 대학 입시 준비할 때, 원하는 대학에 입학할 성적이 안 되어서 간절히 기도했습니다. 그 대학에 합격시켜주신다면 하나님이 살아계신 것으로 믿고 제가 하나님을 믿겠다고요.

그리고 기적적으로 그 대학에 붙어서 그때부터 하나님을 믿게 되었죠.

그런데 나중에 알고 보니 그 대학이 통폐합 문제 때문에 그 해에만 신입생을 많이 받은 겁니다. 그래서 저와 비슷한 상황이던 친구들이 많이 합격했고 그중에는 비그리스도인도 있었습니다.

그런데 제가 이것을 하나님의 응답으로 해석하는 게 맞을까요?

저는 하나님이 살아계신 증거라고 생각해서 신앙생활을 시작했는데, 언젠가부터 헷갈립니다."

제가 실제로 들었던 이야기입니다.

이처럼, 개인의 해석이
기도 응답에 관여하는 경우도 많기에
기도 응답을 경험한 모든 사례를
하나님 만남으로 해석하기엔 무리가 있습니다.

"목사님, 그럼 이런 체험이 모두 가짜라는 건가요?
예배 때 느낀 감정이나 제가 경험한 신비한 체험,
그리고 제가 받은 기도 응답들,
이 모든 게 가짜라는 겁니까?"

이런 오해를 하실까 봐 염려가 됩니다.
저는 감정적 격변, 신비 체험, 기도 응답이
모두 거짓이라고 이야기하는 게 결코 아닙니다.

제가 직접 들은 어떤 체험과 간증은
제가 생각하기에도 부정할 수 없을 정도로
하나님의 역사하심이라 생각되어
고개가 끄덕여집니다.

아내 때문에 기도회에 억지로 끌려온 남자분이
설교를 지루하게 듣고 있다가 갑자기 울음이 터지고
"하나님이 살아계십니다"라고 고백하게 되었다거나

기도하다가 암이 있던 환부에 손이 닿는
선명한 환상을 보고 병원에 갔더니
암이 사라졌더라는 간증을 들은 적도 있지요.

저 또한 제 삶에서 크고 작게
하나님을 체험한 사례들도 분명히 있습니다.

그런 모든 사례를 착각이나 개인의 해석으로
몰아가기엔 분명 무리가 있을 겁니다.

하나님의 특별한 계획으로,
그분의 필요에 따라 때론 감정으로,
때론 신비한 체험으로, 때론 기도 응답으로
하나님이 우리와 만나주시는 때가 있다고
저는 분명히 믿습니다.

그러나 이러한 하나님 만남을 경험했다 하더라도
아직 믿음이라고 단정할 수는 없습니다.
왜 그럴까요?

이러한 하나님 만남의 결과는 생각보다 크지 않습니다.
감정, 신비, 응답을 통해서 우리가 알 수 있는 것은
그분의 존재, 그 이상은 아닙니다.

'하나님이 계시는구나.'
'그분이 나를 사랑하시는구나.'

물론 귀한 깨달음은 맞지만,
여전히 **그분이 어떤 분인지**는 모르는 상태입니다.

'그분이 나를 사랑하신다는 사실'에는
그분이 어떤 분인지에 대한 내용까지
포함되어 있지는 않으니까요.

즉, 이 상태는
믿음으로 나아가기 좋은 출발점일 수는 있으나
아직 믿음을 가진 상태라고 말하긴 어렵습니다.

긍정적인 경험이긴 하지만,
이 경험의 한계를 분명히 인지해야 합니다.

믿음을 시작할 수 있는 단계이지,
이 경험만으로는 아직
믿음을 갖고 있는 상태로 볼 수 없습니다.

그런데 문제는,
감정이든 신비든 응답이든, 이런 체험이
워낙 자극적이고 외면적으로 도드라지기 때문에

비슷한 체험을 했을 때 스스로, 혹은 주변에서
과도하게 의미를 부여할 때가 많다는 것입니다.

예를 들어,
교회에 처음 나온 친구가 기도하다 울었을 때
"야, 너 하나님을 만났구나!
넌 이제 믿음을 가지게 된 거야!"라고
주변에서 과한 평가를 내린다든가

놀라운 기도 응답을 경험했을 때
'기도로 병이 나았다니!
이런 놀라운 경험을 했으니
나는 하나님을 믿고 있는 게 맞아!'와 같이
이 체험을 믿음이라 속단하는 경우가 종종 있지요.

우리는 이 체험들의 한계를 명확히 인지해야 합니다.
귀한 계기일 뿐, 본질일 순 없습니다.

자, 지금까지 잘못된 믿음의 기준 4가지를 살펴보았습니다.
한번 정리해볼까요?

1. 교회 활동을 활발히 하는 것이 믿음이다.
2. 하나님의 존재를 믿는 것이 믿음이다.
3. 하나님의 지키심을 믿는 것이 믿음이다.
4. 하나님을 체험하는 것이 믿음이다.

이들의 공통된 특징을 말해보자면
상당히 **그럴듯하다**는 겁니다.

위에서 말한 믿음만 가지고 있어도
교회 생활을 하는 데 아무런 문제가 없고
하나님을 향한 경외심을 갖는 데에도 문제가 없습니다.
무엇보다 주변에서 보기에도 그럴듯하지요.

교회에 이런 고백을 하는 청년이 있다고 해봅시다.

"저는 교회에서 10년간 쉼 없이 헌신했어요.
하나님의 살아계심을 믿고,
그분이 내 삶에 함께하심을 믿어요.
그리고 찬양할 때마다 그분의 임재를 체험합니다."

이렇게 고백하는 청년의 신앙을 의심하기는
아마 쉽지 않을 겁니다.

그렇다 해도 이 4가지 기준을 충족한 것만 가지고
믿음이라고 단정 짓긴 아직 어렵습니다.

우리가 보았듯이
각각의 믿음이 지니는 치명적인 단점이 있고,
성경에 등장하는 다양한 사례는
하나님께서 이러한 믿음들을
긍정하지 않으심을 보여주기 때문입니다.

무엇보다 오병이어 사건을 떠올려보세요.
거기 모였던 사람들은
이미 이 4가지의 기준을 충분히 만족시켰습니다.

우리가 따라가지 못할 정도의 열심을 보였고,
예수님을 직접 봤으니 당연히 존재를 믿었겠죠.
그리고 예수님이 빵을 주실 거라 믿고 그분을 따라왔고
그분이 먹은 음식을 직접 먹는 체험까지 했습니다.

우리보다 훨씬 더 완벽하게
4가지 기준을 만족시켰어요.

그런데도 예수님에게
'불신자'라는 평가를 들었다는 건
이 4가지가
믿음의 기준이 될 수 없다는 거겠지요.

조금 염려가 되네요.

책을 읽는 분 중에 낙심이 되었거나

혹은 상처를 받은 사람이 있을까 봐요.

"그러면 나는 그동안 헛된 짓을 했던 거야?"

"내 모든 신앙은 의미가 없었던 거야?"

글쎄요, 저는 그렇게 말하고 싶지 않아요.

이 4가지의 기준을 잘못된 믿음이라고 말했지만

그렇다고 아주 의미가 없다고 생각하진 않습니다.

저는 저 4가지의 경험이

믿음으로 나아가는 아주 좋은

도움닫기라고 생각합니다.

저 4가지의 경험을 발판 삼아

믿음을 향해 달려갈 의지를 얻을 수 있거든요.

"교회에서 찬양팀으로 섬기는 게 참 재밌어."

 "그런데 나도 이젠 진심으로 그분을 고백하고 싶어."

"나는 하나님의 존재를 믿게 되었어."

 "그 하나님이 어떤 분인지 나는 알고 싶어!"

"하나님이 기적적으로 내 병을 고치셨어."

 "나를 살리신 그분을 알아가고 싶어!"

"이 알 수 없는 감정은 뭐지?
눈물이 흐르고 행복한 마음이 들어."

 "이 감정의 원천인 하나님을 더 알아가고 싶어."

그래서 저 4가지의 경험은

절대 무가치하지 않습니다.

우리 안에 하나님을 향한 갈망을

불어넣어 주기 때문입니다.

그렇다면 **문제**는 무엇일까요?
이 4가지의 경험이 '도움닫기'가 아닌
'덫'이 되어버리는 경우입니다.

이 경험들이 강렬했기 때문에
혹은 이 경험들을 자신의 자존감으로 삼아버리면서
현재 자신의 상태를 객관적으로 보지 못하는 것이지요.

"이봐요, 내가 교회를 50년간 다니고,
새벽기도 차량 봉사만 묵묵히 30년째 해오고 있어요!
그런데 내가 믿음을 점검해야 한다고요?!"

"전 하나님의 존재를 믿는다니까요?
이것만으로도 얼마나 대단해요?
아예 이것도 안 믿는 사람도 많은데.
그런데 나더러 믿음을 점검하라고요? 참 나…"

"제가 하나님을 안 믿을 수도 있다고요?
저는 하나님이 저희 집안을 어떻게 살리셨는지
직접 경험했어요! 그때 제가 흘린 눈물과
지금도 뛰는 심장을 부정하시는 거예요?"

"나보다 강렬하게 하나님을 체험한 사람 있으면 나와봐!
하나님이 기도 중에 내 몸을 들어 올려서
천국을 보여주셨어! 하나님 믿는 거?
지금처럼 열심히 기도하다가 하나님 만나는 게 믿음이지,
다른 게 뭐가 더 필요해?!"

"너, 기도하다가 울었니?
세상에! 하나님을 만났구나! 그거면 됐지!
그보다 강렬한 만남이 어디 있니?
너, 하나님 믿는 거야!"

도움닫기로 삼을 것이냐
덫으로 삼을 것이냐,
선택은 우리에게 달려있습니다.

내 안에 하나님을 향한 사랑과 갈망은 있으나
그동안 올바른 방향을 잡지 못했음을 인정한다면
이 모든 경험은 좋은 도움닫기가 될 것이고

이 경험들이 준 재미와 감격, 명예에 집착한다면
이 경험들은 덫이 되어 우리의 발목을 잡을 겁니다.

도움닫기로 삼기를 결심하는 분들께 조언을 드립니다.

당신의 가슴 안에는
하나님에 대한 사랑과 갈망이 분명 있을 겁니다.
그 사실까지 부정하실 필요는 없습니다.

그분을 더 알고 싶고 더 경배하고 싶어
나 나름대로 달려왔던
그 발걸음과 숨 차오름을
하나님은 분명 기억하고 계실 겁니다.

그리고 이제는 미소 지으시며,
올바른 방향으로 우리가 달려오길
기다리고 계실 겁니다.

다시 시작하면 됩니다.
헛되지 않았습니다.
그리고, 늦지 않았습니다.

모범생의 요약 노트 ✏️

- 잘못된 믿음의 기준 네 번째는 체험이다.

- 우리는 감정적 격변이 일어나거나 신비한 현상을 체험했을 때 하나님을 만났다고 이야기하지만, 그 경험이 외부적 환경이나 착각으로 인한 경험은 아닌지 돌아봐야 한다.

- 그 경험이 하나님으로부터 온 진짜 체험이라 하더라도, 아직 하나님의 본질을 알게 된 것은 아니기에, 믿음의 계기는 될 수 있어도 믿음은 될 수 없다.

- 잘못된 믿음의 기준 4가지는 신앙을 가지게 도와주는 도움닫기다. 그러나 이 경험에 매몰되어 올바른 신앙을 바라보지 못하면 덫으로 작용할 수도 있다.

대화해봅시다

1. 하나님을 체험했다고 생각했으나, 나중에 돌아보니 분위기나 장치, 혹은 내 착각의 결과였던 적은 없었나요?

2. 하나님을 놀랍게 체험했더라도 과대평가하지 말아야 할 이유는 무엇일까요?

3. 잘못된 믿음의 기준 4가지를 다시 한번 떠올려봅시다. 도움닫기로 활용할 때와 덫으로 활용할 때 각각의 사례도 함께 떠올려봅시다.

4. 그렇다면 과연 올바른 믿음은 무엇일까요? 한번 추측해봅시다.

5강
이미 알고 있던 것
- 올바른 믿음의 기준

교회 활동을 열심히 하는 **것도 아니야,**
하나님의 존재를 믿는 것도 **아니야,**
지키심을 믿는 것도 아니야,
체험도 아니야,

내가 기독교를 완전 오해하고 있었나?

아니, 그럼
도대체 뭐가 진**짜** 믿음인데?

그동안 잘못된 믿음의 기준 4가지를 보았습니다.
우리 안에 자리하고 있었던
믿음에 대한 잘못된 인식을 깨끗이 치웠으니
이제 본격적으로 올바른 믿음을 세워나가야 할 겁니다.

그럼 올바른 믿음의 기준은 무엇일까요?

예수님은 제자들에게 표징을 아느냐고 물으셨습니다.
이 '표징을 아는 것'은 무엇을 안다는 것일까요?

여기에 대한 답 역시 오병이어 이야기에 들어있습니다.
(오병이어가 생각보다 정말 깊은 이야기지요?)
우리가 끊겼던 부분으로 다시 한번 돌아가볼게요.

"아니 예수님, 저희가 뭘 더 해야 합니까?!"
"나 좀 믿어라, 이 불신자들아."

예수님의 이 외침이
우리가 마지막으로 본 오병이어의 장면이었죠.

사람들은 어리둥절했고, 충격에 빠졌습니다.

'우리가 예수님을 안 믿는다니.
우리가 예수님을 그동안 오해했었나?'
그리고 조심스레 입을 열었죠.

그들은 다시 물었다.
"우리에게 무슨 표징을 행하셔서,
우리로 하여금 보고 당신을 믿게 하시겠습니까?
당신이 하시는 일이 무엇입니까?

요 6:30 새번역

"예수님, 뭐…하는 분이셔요?"
사람들은 겸손한 마음으로 예수님에게 물었습니다.

저는 이 겸손한 질문이
이들에겐 **위대한 출발**이었을 거로 생각합니다.

'너희는 불신자야!'라는 예수님의 일갈을 듣고
토라지거나 그 말씀을 부정한 게 아니라
그 말을 겸허히 인정하고
자신의 모든 지식과 열심을 뒤로한 채
아주 겸손히 예수님에게 여쭌 거지요.

"주님, 당신은 어떤 분이신가요?"

저는 당신을 이 질문으로 초대하고 싶습니다.

우리가 교회를 몇 년을 다녔든
교회에서 어떤 직분을 맡았든
부모님이 목사님이든 장로님이든
내 모든 자랑을 허울처럼 여겨 벗어던지고
주님 앞에 겸손히 여쭤보는 겁니다.

이 페이지를 넘기기 전, 우리 입으로 소리 내어 말해볼까요?

"주님, 당신은 어떤 분이신가요?"

이 질문에 대해 예수님은
꽤 긴 분량을 할애해서 대답하셨습니다.
그런데, 그 모든 대답은 딱 한 절로 요약할 수 있습니다.

나는 생명의 빵이다.
요 6:48 새번역

생명의 빵.
이게 무슨 뜻일까요?
사실 이 말이 우리에게 한 번에 와닿진 않습니다.

빵 자주 드시나요?
많이 드신다고 하더라도, 주식으로 드시진 않을 겁니다.
우리나라는 빵 문화권이 아니니까요.

그래서 '빵'이라는 번역은 사실
예수님의 의도를 정확히 드러낸 번역은 아니에요.

지금 예수님이 말씀하신 의도가
"나는 단팥빵처럼 달콤하고 소보로빵처럼 바삭하단다!"
라는 건 최소한 아니었을 테니까요.

그래서인지 다른 한글성경들을 보면
나름 한국 상황에 맞추어
'빵' 대신 '떡'이라고 번역하기도 했습니다.

그런데 떡도 비슷하지 않나요?

교회에서 예배 마치고 나서
누가 돌잔치 잘 치렀다고 돌리는 백설기
받아보신 적 한 번쯤은 있으시죠?

어때요?
떡을 받았으니 그날 점심을 거르셨나요?

아닐 겁니다.
밥 먹고, 백설기 또 드셨지요?
맞아요. 떡 또한 우리에겐 간식입니다.

이 본문에서 예수님은 그분 자신을
먹으면 좋고 안 먹어도 상관없는
간식 같은 존재로 설명하신 게 아니었어요.

"나는 생명의 빵이다"라는 구절에서
'빵'의 헬라어 원어를 보면 '아르토스'라고 되어있어요.

"나는 생명의 아르토스다."
이게 예수님의 말씀이셨죠.

아래에 있는 사진이 바로 아르토스예요.
보리나 밀로 만들었죠.
당시 유대인들은 매일같이 이 아르토스를 먹었습니다.
모든 식사에서 아르토스는 빠지지 않았고
다른 음식들을 먹을 때도 아르토스 위에 얹어 먹었죠.

그래서 예수님은 그분 자신을
아르토스라고 말씀하신 거예요.
없어서는 안 될,
생명을 유지하기 위해 반드시 필요한 존재로
자신을 설명하신 거였죠.

그런데, 한국말 중에 아르토스의 의미와
기막히게 일치하는 단어가 있습니다.

그게 뭘까요? 우리의 주식!
네, 맞아요! 바로 **밥**입니다.

한국인이 서로 만나면 어떻게 인사하나요?
"너, 밥 먹었어?"

이 말에서 밥은 어떤 의미를 지니나요?
바로 우리의 생명을 유지하게 하는
'양식의 총체'를 말하지요.

쌀밥이든 빵이든 면이든 뭐든 간에
우리의 생명을 유지하게 해주는 것,
우리의 삶을 지탱해주는 것,
없어서는 안 되는 것,
그것이 바로 밥이지요.

네, 예수님은 이 의미로 자신을 설명하신 거예요.
"내가 생명의 밥이다."

얘들아, 나는 생명의 밥이야.
너희에겐 내가 필요해.
왜? 너희는 지금 죽어있거든.

너희는 스스로 살아 있다고 생각할 거야.
팔다리도 달려있고, 걸어 다니니 말이야.

그런데 아니야! 너희는 사실 죽어있어.
왜냐고? 너희에겐 영생이 없으니까.
영생이 없으면 무슨 소용이 있니?
만나를 먹었다는 너희 조상도
광야에서 다 죽어버렸는데.

나에게 뭘 원하니?
또 물고기를 줄까? 빵을 줄까?
어차피 너희는 죽고 사라질 텐데
그게 다 무슨 소용이니?

내가 너희의 모든 필요를 채워준다고 해도
영생이 없으면 그게 무슨 소용이니?

그런데 내가 그 영생을 줄 수 있는 생명의 밥이야.

나를 먹어야 너희가 살아.

제발 이걸 믿어라.

이게 바로 믿음이란다.

예수께서 그들에게 말씀하셨다.
"내가 진정으로 진정으로 너희에게 말한다.
너희가 인자의 살을 먹지 아니하고,
또 인자의 피를 마시지 아니하면, 너희 속에는 생명이 없다.
내 살을 먹고, 내 피를 마시는 사람은
영원한 생명을 가지고 있고,
마지막 날에 내가 그를 살릴 것이다.

요 6:53,54 새번역

이것이 바로 예수님이 바라셨던 믿음입니다.
한 문장으로 요약한다면, 다음과 같습니다.

'예수님은 우리에게 영생을 주신 분이다.'

이 문장을 다시 두 글자로 또 줄여본다면
무엇이라고 말할 수 있을까요?

맞습니다. '구원'입니다.

오병이어 사건 때 모여
자신은 예수님을 믿는다고 주장하던 사람 중,
정작 구원자로서 예수님을 믿는 사람은 없었던 겁니다.

드디어 우리는
이 책을 처음 펼 때부터 지금까지 찾아온
'올바른 믿음이란 무엇인가?'에 관한
결론에 도달했습니다.

그 결론을 한 문장으로 요약해볼까요?

'구원'을 믿는 것이 진짜 믿음입니다.

어떠신가요? 개운하신가요?
몰랐던 것을 드디어 알게 되어 속이 시원하신가요?

그렇다기보단…
좀 허무하지 않으신가요?

"아니, 기껏 결론이 이거라고?
구원이 진짜 믿음이다?

여태까지 온갖 불안감은 다 일으키더니만….
우리가 불신자일 수 있다느니
이게 믿음이 아니라느니
저게 믿음이 아니라느니….

도대체 내가 몰랐던 믿음이 뭔지
혼란스러워서 머리가 터질 지경이었는데,
그 결론이 뭐? 구원?

아니, 장난칩니까? 구원은 당연히 믿고 있죠.
지금까지의 이야기에서도
이걸 당연히 전제로 하는 줄 알았죠."

화가 나시는 게 당연합니다.

거친 나무와 풀을 베어가며 정글을 헤치듯
상당히 껄끄러운 이야기를 이겨내며 여기까지 왔는데
기껏 찾아낸 답이 너무 익숙한 답이었으니까요.

맞습니다.
구원은 우리에게 너무 익숙한 개념이지요.
우리 중에 구원을 안 믿는 사람은 없을 겁니다.

하다못해,
부모님 손에 교회로 끌려오는 학생,
혹은 예배 마치고 축구 하는 재미로
교회 나온 집사님을 붙잡고 물어보자고요.

"혹시, 구원을 안 믿으세요?"라고 물어본다면
"당연히 믿죠"라고 대답할 겁니다.

네.
그런데, 여기서 우리는 한 번 더 고민해야 합니다.

당신은 구원을 정말로 믿으세요?

어쩌면 구원을 그냥 **알고 계신 건** 아닌가요?

아는 것과 믿는 것은 엄청나게 다릅니다.

우리는 구원을 익히 알고 있습니다.
어려서부터 설교, 이야기, 노래 등
정말 다양한 방법으로 구원을 들어왔거든요.

그러나 아는 것과 믿는 것은 다릅니다.

우리는 단군신화를 알고 있습니다.
하지만, 그 내용을 믿지는 않죠.
우리는 그리스·로마 신화의 신들 또한 알고 있습니다.
그러나 역시, 그 신들을 믿지는 않습니다.

구원에 대한 여러분의 인식도
단순히 아는 것에 머물러 있진 않나요?

구원의 내용은 알고 있겠지만,
그것을 넘어 구원을 진심으로 믿고 있나요?

'구원이라는 게 존재한다'처럼
구원이라는 사건에 대한 단순한 인정은
믿음이 아니라고 성경은 이야기합니다.

네가 만일 네 입으로 예수를 주로 시인하며
또 하나님께서 그를 죽은 자 가운데서 살리신 것을
네 마음에 믿으면 구원을 받으리라
사람이 <u>마음으로 믿어</u> 의에 이르고
입으로 시인하여 구원에 이르느니라

롬 10:9,10

이 구절에 '마음으로 믿어'라는 말이 등장하는데
이건 어떤 믿음을 말하는 걸까요?

이때 '마음'을 표현하는 헬라어가 '카르디아'인데
다음의 구절들에도 공통적으로 이 단어가 쓰입니다.

너는 <u>마음</u>을 다하고 뜻을 다하고 힘을 다하여
네 하나님 여호와를 사랑하라

신 6:5

예수께서 이르시되 네 <u>마음</u>을 다하고 목숨을 다하고
뜻을 다하여 주 너의 하나님을 사랑하라 하셨으니

마 22:37

무슨 일을 하든지 <u>마음</u>을 다하여 주께 하듯 하고
사람에게 하듯 하지 말라

골 3:23

이 구절들에 사용된 '마음'은 지적 동의를 넘어
진심으로, 전심으로 어떤 일을 대함을 의미합니다.

즉, 구원에 대해 성경이 요구하는 믿음인
'마음으로 믿는다'는
구원에 대한 단순한 인지(認知)를 넘어
구원을 진심으로 믿는 믿음을 의미합니다.

그럼 '내가 구원을 진심으로 믿는가?'
라는 것은 어떻게 알 수 있을까요?

이 말을 이렇게 바꿔보면 어떨까요?
'구원을 진심으로 감사하고 있는가?'

이렇게 물어본다면
적지 않은 사람이 감사를 느낀다고 고개를 끄덕일 겁니다.
그런데, 그 감사에 대해서도 다시 한번 돌아봐야 합니다.

진심에서 우러나오는 감사인 경우도 있겠지만
의무감에서 우러나오는 감사도 있거든요.

당신에게 묻겠습니다.
이순신 장군님에게 감사를 느끼시나요?

아마 대한민국 사람이면
거의 100퍼센트가 감사를 느낀다고 말씀하실 겁니다.
온갖 고초와 수모 속에서도 나라를 위해 한 몸 바친
이순신 장군님에게 깊은 감사를 느끼지요.

그렇다고 해서 매일 이순신 장군을 떠올린다거나
아침마다 백 원짜리 동전을 세워놓고
우는 사람은 없을 겁니다.

이순신 장군님의 업적이 놀라운 건 맞지만
아무래도 과거의 일이기 때문에
우리 삶에 와닿는 감사는 아닙니다.

그래서 역사 교과서를 통해
그 놀라운 삶과 희생을 들었을 때
'감사해야 한다'라는 생각을 갖게 되지요.

즉, 진심보다는 '의무감'에 가까운 감사입니다.

이와 비슷한 느낌으로
구원에 대한 감사를 느끼는 사람들이 있습니다.

'난 사실 와닿진 않는데
나를 위해 죽었다고 하시니 감사…해야겠네?'

하지만 그렇다고 그 감사 때문에
매일의 삶에서
무언가 변화가 일어나는 건 아닙니다.

구원이 진심으로 와닿기보단
그 희생의 스토리 앞에서 느낀
의무적인 감사일 뿐이니까요.

이런 경우는
구원에 진심으로 감사한다고 보긴 어려울 겁니다.

때문에, "구원에 감사를 느낍니까?"라는 질문도
구원에 대한 진실된 믿음을 점검하기엔
애매한 느낌이 듭니다.

그래서 준비한 게 있습니다.
바로 '진단 키트'입니다.

이 키트의 목적은

내가 진심으로 구원을 감사하고 있는가, 그렇지 않은가?

를 진단해보는 것입니다.

이 키트는 총 세 개의 질문으로 구성되어 있으며
세 질문은 각자 다른 것을 묻는 듯하지만
결국 '당신은 구원을 진심으로 믿습니까?'라는
하나의 질문을 구체적으로 풀어헤친 것입니다.

그래서 이 질문들을 스스로에게 던지고
이 질문에 대한 답을 떠올리다 보면
'내가 구원을 믿는지, 안 믿는지'에 대해서
어느 정도 감을 잡을 수 있을 겁니다.

코로나 시기에 'PCR 진단 키트'를 사용해보셨지요?
딱 그 역할이라고 보시면 됩니다.

우리의 상태를 진단하기 위한 목적이기에
주변 시선을 의식하지 말고
솔직하게 각 질문에 응답하길 권합니다.

> **첫 번째 진단 질문 :**
>
> 구원이 없는 인생은, 그 어떤 것을 가지고 있더라도
> 비참하다는 것에 동의하시나요?

구원은 우리에게 영생이 허락된 일이라고 배웠습니다.
그렇다면 세상에 구원보다 더 귀중한 일은 없을 겁니다.
영생은 우리 인생에 유일한 영원의 가치니까요.

그렇기에, 아무리 많은 것을 가졌다고 하더라도
구원을 갖지 못했다면 그 인생은 '비참'하다는 것에
진심으로 동의할 수 있어야 할 겁니다.

어떻습니까? 동의할 수 있나요?

우리 안에는 '아멘 본능'이 있기에
습관적으로 '아멘'이라고 대답하시긴 않았나 모르겠네요.
질문 자체만 보면 그렇게 어려운 질문 같진 않으니까요.

그런데, 우리의 실제 삶의 경험을 한번 떠올려봅시다.
사회에서 많은 사람을 대하다 보면

구원이고 복음이고 예수고 전혀 모르는데도
돈이 많든, 인간관계가 좋든,
정말 좋은 짝을 잘 만났든, 잘생겼든,
꽤 부러운 삶을 사는 사람을 만날 때가 있습니다.

때론, 그런 삶이 내 삶보다 더 나아 보이기도 합니다.

재밌는 상상을 해볼까요? 만약 지금 당신의 인생을
차은우와 바꿀 수 있다면 바꾸겠습니까?
아마 평생 받아본 적 없는 관심과 사랑을 받을 테고,
그 사랑을 기반으로 수익도 창출할 수 있겠고
누군가의 마음을 얻는 것도 훨씬 수월할 겁니다.

단, 조건이 하나 있는데 바꾼 후에
다시는 교회에 출석할 수 없다면 어떻게 하시겠습니까?

누군가는 이 질문 앞에서 꽤 오랜 시간 고민할 겁니다.
충분히 그럴 수 있죠. 차은우의 얼굴을 가진 삶이라니!
상상만으로도 행복한 인생이니까요.

모두가 바라는 꿈을 손에 쥐고 있고

많은 사람에게 사랑받고 있는 유재석은 어떻습니까?

아니면 삼성 이재용 회장의 외동딸은요?

부를 통해 누릴 수 있는 것은 다 누릴 수 있겠지요.

꼭 이렇게 어마어마한 삶이 아니더라도

실제로 우리는 인생에서

'구원이 없으나 부러운 삶'을 볼 때가 종종 있습니다.

그 삶이 구원이 있는 삶보다도 더 낫다는 생각이 든다면

혹은 저런 삶도 나쁘지 않다는 생각이 든다면

아직 구원의 가치를 온전히 느끼진 못한다는 뜻일 겁니다.

그리고 이 경우라고 한다면

아직 구원을 온전히 믿는 상태라고 보긴 어려울 겁니다.

성경은 이렇게 말하거든요.

사람이 온 세상을 얻고도 제 목숨을 잃으면,

무슨 이득이 있겠느냐?

마 16:26 새번역

> **두 번째 진단 질문 :**
>
> 당신의 삶에 일어난 모든 일 중에
> 구원이 가장 감사한 일인가요?

역시 이 질문도 우리의 '아멘 본능'을 피하기 위해
좀 더 심층적인 분석을 해보겠습니다.

우리의 과거를 한번 떠올려볼까요?
하나님께 감사를 올릴만한 일이 정말 많았을 겁니다.

"하나님이 우리 가족을 건강하게 해주셨어요."
"사업상 큰 위기에서 우리 가족을 건져주셨어요."
"막막했던 시험에 합격하게 해주셨어요."

그런데 그 후에 다음과 같이 고백할 수 있나요?

"그러나 그 어느것도 구원만큼 감사한 일은 없어요."

이번엔 당신의 미래도 한번 떠올려봅시다.
앞으로 당신의 인생 가운데
어떤 감사가 일어나면 좋을 것 같나요?

"드디어 그 오빠가 나한테 고백했어요!"
"드디어 결혼하게 됐어요!"
"그 대학에 합격했어요!"
"로또 1등!!!!"

너무 좋은 일들이지요.
그런데 그 상황에서도 다음과 같이 고백할 수 있나요?

"그러나 여전히 구원만큼 감사한 일은 제게 없습니다."

구원은 우리에게 영생을 준 사건이기에
이 땅에서 누릴 수 있는 그 어떤 복보다
구원을 더 감사하게 여겨야 정상일 겁니다.

어떤가요? 당신은 이 모든 일보다
구원에 가장 큰 감사를 느끼고 있나요?

과거와 미래의 일이라
내 마음을 정확히 알기 어렵다면,
현재 상황으로 진단하는 방법도 있습니다.

나의 '감사기도'를 점검하는 거죠.
당신은 감사기도를 드릴 때, 어떤 고백을 제일 먼저 하나요?

예배 시간에 인도자가
"성도 여러분, 지금부터 하나님께
감사의 고백을 드리겠습니다!"라고 한다면,
그때 당신의 입에서 가장 먼저
입버릇처럼 나오는 고백은 무엇인가요?

"오늘 하루도 지켜주셔서 감사합니다."
"오늘도 일용할 양식을 주셔서 감사합니다."

맞습니다. 우리는 보통 우리의 '안전'과 '소유'를
첫 번째 감사로 고백하곤 합니다.

그런데…
이거 좀 이상하지 않나요?

예를 들어봅시다.

어느 날 회사에 출근한 어떤 딸이
엄마가 교통사고를 당할 뻔했다는 소식을 듣고
황급히 회사를 조퇴하고 병원으로 뛰어왔습니다.

병원에 와서 보니 엄마는 멀쩡한데
웬 낯선 남자분이 붕대를 감고 침대에 누워계신 겁니다.

"엄마, 이게 대체 무슨 일이야?!"

엄마가 아직 진정되지 않은 채 대답합니다.
"엄마가 핸드폰 보면서 길을 건너다 차에 치일 뻔했는데,
세상에, 이 아저씨가 엄마를 밀치고 대신 치여주셨어!"

그러면 침상에 누운 남자를 보고
따님은 뭐라고 감사의 인사를 드릴까요?

"고마워요! 저희 어머니를 살려주셔서 정말 감사해요!"

네, 이게 정상이겠죠?

그런데 이렇게 말한다면 어떨까요?

"고마워요, 덕분에 회사 탈출했어요!
오후에 빡센 회의가 있었거든요!
덕분에 회의 빠졌어요!!"

이렇게 말한다면, 옆에 있던 어머니는 어이가 없겠죠.
'엄마의 목숨을 살려준 일'이라는 압도적 감사가 있는데
너무 하찮은 감사를 먼저 고백했으니까요.

소유와 안전 또한 하나님이 주신 것이기에
충분히 감사할 수 있지요.

그러나 소유와 안전은 영원하지 않습니다.
그리고 누군가에겐 이 땅을 살면서
애초에 허락되지 않은 것들이기도 합니다.

그렇다면 우리의 가장 큰 감사는
언젠가 사라질 소유와 안전이 아니라
구원입니다.

그러면 당연히 구원에 대한 감사를
제일 먼저 고백해야 정상이겠지요.

그런데, 구원에 대한 감사를 제일 먼저 고백하지 않는다면?
혹은 구원에 대한 감사 자체를 고백해본 기억이 거의 없다면?

다음 두 가지의 가능성을 추측해볼 수 있습니다.

첫 번째,
구원에 감사하지만, 이 감사를 고백하는 것을 잊은 경우.

그럴 수 있습니다.
구원에 충분히 감사를 느끼지만

'기도하다 보니, 내가 구할 게 너무 많이 떠올라서.'
'지금 당장 내 눈앞에 감사할 게 너무 많아서.'
'구원에 대한 감사를 고백해야 한다는 생각을 못 해봐서.'

등 여러 이유로,
정작 구원에 대한 감사기도는 드리지 못했을 수도 있습니다.
이것만 가지고 구원을 안 믿는다고 단정할 순 없지요.

이 경우는 별문제가 없습니다.
지금부터라도 내 안에 있는 구원에 대한 감사를
기도할 때 고백하겠노라 다짐하면 되니까요.

그런데 문제는 두 번째 가능성이겠지요.
그것은 바로
구원이 감사하지 않은 경우입니다.

"하나님이 저희 아버지의 병을 고쳐주셨어요!"
"하나님이 막막했던 진로를 해결해주셨어요!"

이런 일 앞에선 입에서 진실한 감사가 나옵니다.

"주님은 살아계십니다. 감사합니다, 아멘!"

그런데,
"하나님이 나를 구원해주셨어요!"
라는 말 앞에서는
아까와 같은 진실한 감사가 나오지 않습니다.
'감사해야 한다'라는 의무감만 떠오릅니다.

아마 그런 경우라면

구원에 관한 감사기도를 하지 못하는 것이

당연했을 겁니다.

그리고 이러한 상태라고 한다면

아직 구원을 진심으로 믿는다고 보기는 어렵겠지요.

성경은 구원을

우리의 '즐거움'이라고 말하고 있으니까요.

또한 그로 말미암아

우리가 믿음으로 서 있는 이 은혜에 들어감을 얻었으며

하나님의 영광을 바라고 즐거워하느니라

롬 5:2

> **세 번째 진단 질문 :**
>
> 구원에 대한 감사 때문에 하나님 사랑과 이웃 사랑을
> 내가 원하지 않을 때도 하고자 하는 의지가 있나요?

위 질문에서 가장 중요한 부분은 어디일까요?

맞습니다.

'내가 원하지 않을 때도'입니다.

내가 원하는 형태의 하나님 사랑과 이웃 사랑은 쉽습니다.
내가 좋아하는 찬양을 부르고
좋아하는 사람과 음식을 나누고 시간을 보내는 일은
오히려 우리에게 행복감을 주죠.

그래서 예수님은 이런 방식의 사랑에는
큰 의미를 두지 않으십니다.

너희가 너희를 사랑하는 사람들만 사랑하면,
그것이 너희에게 무슨 장한 일이 되겠느냐?
죄인들도 자기네를 사랑하는 사람들을 사랑한다.
눅 6:32 새번역

그렇다면, 진짜 사랑은 무엇일까요?

용서하기 싫은 사람을 용서하고
웃어주기 싫은 사람 앞에서 웃어주고
나누기 아까운 것을 나누는 것
그것이 바로,
예수님이 말씀하시는 사랑입니다.

그러나 너희는 너희 원수를 사랑하고, 좋게 대하여 주고,
또 아무것도 바라지 말고 꾸어 주어라.
그리하면 너희는 큰 상을 받을 것이요,
더없이 높으신 분의 아들이 될 것이다.
그분은 은혜를 모르는 사람들과
악한 사람들에게도 인자하시다.

눅 6:35 새번역

구체적으로 말해볼까요?
당신의 머릿속에 떠오르는
너무 얄미운 '걔'에게 잘해주는 것,
그게 바로 하나님이 말씀하신 사랑입니다.

직장 상사, 사사건건 나를 누르려는 언니,
도로교통법이 폐지된 줄 아는 내 앞의 운전자,
내가 수없이 인사해도 한 번을 받아주지 않는 이웃,
내게 너무 큰 상처를 주었던 고등학교 동창,
금요일 밤만 되면 고성방가를 내지르는 우리 동네 취객.

이들에게 베푸는 사랑이 진짜 사랑이라는 거지요.

그런데 이건 사실 너무 어렵습니다.
도대체 어떻게 이런 일을 할 수 있는 걸까요?

방법은 하나밖에 없습니다.
바로 구원에 깊이 감사하는 거지요.

구원의 큰 사랑을 깨닫고 깊은 감사를 느끼게 되면
우리는 하나님께 여쭙게 됩니다.

"주님, 저희가 무엇을 해드리면 좋을까요?"

피어오르는 감사의 마음은
그분을 기쁘게 하고 싶다는 마음으로 이어지거든요.

"그래? 그럼 내가 너희에게 딱 하나만 부탁하자."

"뭐든 말씀하세요, 주님!"

"딴 거 필요 없고, 이웃 좀 사랑해다오."

선을 행함과 가진 것을 나눠주기를
소홀히 하지 마십시오.
하나님께서는 이런 제사를 기뻐하십니다.

히 13:16 새번역

'걔'에게 사랑을 베풀면
그것이 나에게 구원을 베푼 그분을 기쁘게 할 수 있답니다.
그러면 난 여전히 '걔'가 밉지만 이 한 번 악물고,
걔를 용서하는 것도 시도해보고
걔에게 내가 가진 소중한 것도 나누어보는 거지요.

마치 사랑하는 사람이 좋아한다는 이유로
내가 좋아하지 않는 음식을
꾹 참고 먹어보기도 하는 것처럼요.

이것은 그리스도인만이 가지고 있는 힘입니다.
당신에겐 그 힘이 있나요?

진단 키트, 한번 정리해볼까요?

- ✅ 구원이 없는 인생은, 그 어떤 것을 가지고 있더라도 비참하다는 것에 동의하시나요?

- ✅ 내 삶에 일어난 모든 일 중에 '구원'이 가장 감사한 일인가요?

- ✅ 구원에 대한 감사 때문에 하나님 사랑과 이웃 사랑을 내가 원하지 않을 때도 하고자 하는 의지가 있나요?

우리가 살펴본 이 3가지 점검 질문이
나의 구원 감화 여부를 진단할 수 있는 진단 키트입니다.

만약 이 질문들에 'yes'라고 대답하실 수 있다면
더는 흔들리지 않으셔도 됩니다.

신비한 체험 혹은 엄청난 간증거리가 없다 해도
구원에 대한 깊은 감사는
당신 안에 성령이 내주하신다는 증거입니다.

그러니 두려움 없이
당신에게 믿음을 허락하신 하나님을 기뻐하면 됩니다.

하지만, 이 질문들에 당당히 'yes'라고 답하기 어렵다면
아직 믿음을 갖고 있다고 보긴 어렵습니다.

1장부터의 이야기를 다시 되짚어봅시다.
성경은 분명히 **특정한 기준**을 만족한 믿음만을
올바른 믿음이라 여긴다는 것을 발견했습니다.

그리고 예수님은 그 특정한 기준을
그분의 표징을 아는 것이라고 말씀하셨죠.

그 표징이 무엇이냐고 묻는 제자들의 질문에
예수님은 **자신이 생명의 밥**임을 말씀하셨습니다.
즉, '구원을 믿는 것'이지요.

구원을 믿는 것은
단순히 구원이란 사실이 존재한다는 것을 믿는 게 아니라
그 사실을 진심으로 믿고 감사하는 것을 의미합니다.

우리가 보았던 3가지 진단 질문은
구원에 대한 우리의 진실된 믿음을 점검하는 질문들이었죠.

교회에서 어떤 봉사를 하든,
기도하다가 어떤 신비한 일을 경험했든,
찬양과 예배 시간에 어떤 행복을 느꼈든,

이 3가지 질문에 답하기 어려웠다면
믿음을 향한 갈망이 있다고 할 수 있을지언정
아직 믿음을 가지고 있다고 보긴 어려운 상태입니다.

물론, 이것을 인정하기가 어려운 사람도 있을 겁니다.

"아니, 제가 교회 다닌 세월이 몇 년인데요!"
"저 전도사예요, 전도사!"
"저는 하나님의 음성을 들었던 사람이에요."

그동안 우리가 교회 생활을 하면서 쌓아왔던
우리의 노력, 자존심, 시간들이 떠올라
이 사실을 쉬이 인정하기 어려운 것이지요.

"전 그래도 하나님을 사랑한단 말이에요!"

또 마음속에 하나님에 대한 사랑은 여전히 있기에
'불신자'라는 낙인을 인정하기가 참 어려울 겁니다.

그러나 잊지 마십시오.
이러한 우리를 위해서 성경은
우리가 도저히 따라잡지 못할 열심을 내었던,
우리보다 훨씬 더 예수님을 사랑했던
오병이어의 사람들을 보여줍니다.

그리고 그 사람들에게 예수님이 주저 없이
'불신자'라고 외치시는 장면도 보여줍니다.

우리의 열심도, 노력도, 감정도
믿음의 기준이 될 수 없음을 인정하라는
성경의 외침입니다.

자, 그럼 우리는 왜 굳이
우리의 믿음 상태를 진단해야 할까요?

아마 지금 이 책을 읽는 분 중에는
지금의 과정이 너무 아파서
견디기 힘든 분도 있을 겁니다.

저는 병원을 떠올리라고 말씀드리고 싶네요.

우리가 병원을 찾아가면
제일 먼저 하는 것이 '진단'입니다.

"저에게 병이 있는 것 같아요."
"저는 병이 없는 것 같아요."

그 어떤 의사도
환자의 말만 듣고 모든 것을 결정하진 않습니다.

정확한 진단을 내려야 하기에
X-ray, MRI, CT, 혈액 검사 등
다양한 방법으로 환자를 진단하지요.

왜 그럴까요?

병원 치료를 시작하기 전에 반드시 해야 할 것은

이 사람이 환자인지 아닌지

진단하는 것이기 때문입니다.

만약 멀쩡한 사람을

환자로 진단한다고 생각해보세요.

아무런 문제도 없는 사람에게 공포감을 심어주고

치료에 불필요한 시간과 재산을 낭비하게 할 겁니다.

그런데 더 문제는 반대의 경우가 아닐까요?

바로 환자를 멀쩡한 사람이라고 진단하는 경우지요.

이런 일이 발생하면

마땅한 치료를 받아야 할 사람이

자기에게 문제가 없는 줄 알고

치료 시기를 놓치게 됩니다.

그런 사건들을 '오진'이라고 부르고

중대한 의료사고 중 하나로 분류하지요.

저는 마찬가지로
교회 현장에서 벌어지고 있는 '오진'이
큰 문제를 만들고 있다고 생각합니다.

구원에 대한 올바른 믿음이 있는 사람에게
잘못된 믿음의 기준을 적용해서
불필요한 불안감을 불러일으키는 경우가 있습니다.

"방언을 해야 믿음이 있는 거야!"
"예배할 때 뜨거움을 느껴야 믿음이 있는 거야!"

혹은 반대로 믿음이 없는 사람에게
잘못된 믿음의 기준으로
섣부른 진단을 내릴 때도 있습니다.

"교회에서 성실하게 봉사하니까 믿음이 있는 거지!"
"기도하다가 우는 것을 보니 믿음이 있네!"

아직 믿음이 있지 않은 사람은
믿음을 가질 수 있도록
교회로부터 적절한 양육을 받아야 하는데

믿음이 있다는 오진을 받아버리게 되면
그 사람은 양육 대신
봉사와 헌신에 투입되어

믿음의 기쁨을 알기 전에
일부터 배우는 일이 발생하게 됩니다.

봉사, 찬양, 예배, 헌금
모두 구원에 대한 기쁨을 누린 후
그 기쁨에 대한 감격으로 표출되는 현상들입니다.

그러나 아직 기쁨도 모르는 사람이
이런 일들에 에너지를 다 빼앗기는 것을 종종 봅니다.

즉, 하나님의 자녀가 되기 전에
일꾼이 되는 것이지요.

제가 이 내용을 가르칠 때 제 앞에서 눈물을 흘리셨던
70대 장로님의 고백을 잊을 수가 없습니다.

"목사님, 저는 사실 지금까지 믿음이 뭔지에 대해서도
솔직히 질문해보지 못했던 것 같습니다.

30대쯤에 제 아내가 하도 극성이어서
교회를 나가기 시작했어요.
뭣도 모르고 재미도 없으니까 예배 때 졸기 일쑤였지요.
그런데 어떤 분이 와서
축구 선교단에 가입하지 않겠냔 얘기를 합디다.

원래 운동을 좋아하기도 하고 아내도 권하길래 가입했지요.
같이 축구를 하다가 보니 사람들과 어울리고
이것저것 일도 돕게 되면서
성도들한테 인정도 받게 됐지요.

그러다 갑자기 나보고 집사를 받으랍디다.
받고 나니, 봉사 자리가 더 맡겨지더라고요.
성가대장도 하고 주차 봉사도 하고
야유회 때 버스 운전도 했습니다.

또 그러고 나니,

나보고 장로를 받으랍디다. 받았어요.

그게 여태까지의 내 교회 생활이었습니다.

사람들은 내가 믿음이 있는 줄 알아요.

그래서 나도 믿음이 있는 줄 알았어요.

그런데 사실 내면의 불안함을 감출 수 없었어요.

나는 믿음이 뭔지, 구원이 뭔지 잘 모르겠거든요….

그런데 벌써 교회에서 주목을 받는 자리가 되니

이걸 누구한테 말할 수가 있어야지요."

그래서, 현재의 내 믿음 상태를

정확하게 진단하는 것은 정말로 중요합니다.

물론 아픕니다. 마치 병원처럼요.

진단하는 과정도 무섭고

의사의 입을 통해 내 병명을 듣는 것도 두렵습니다.

그리고 현재 아무런 문제 없이 살아가기에

지금도 괜찮다고 여기고 싶습니다.

그러나 올바른 믿음을 가지고 싶다면
나 자신의 상태를 먼저 올바로 진단해야 합니다.

내 안에 믿음이 있는 것이 맞다면
이제부터는 두려워할 필요 없이
성도의 삶을 살아가면 될 것이고

내 안에 믿음이 없는 것이 맞다면
다른 것에 집중할 게 아니라
신앙생활의 가장 기본이 되는
믿음을 갖는 일에 온전히 집중해야 할 것입니다.

우리가 함께 보았던 진단 질문들이
당신의 진단을 도와줄 겁니다.
당신이 해야 할 건 솔직한 대답이지요.

당신은,

정말로 하나님을 믿고 있습니까?

모범생의 요약 노트 ✏️

- 구원을 믿는 것이 올바른 믿음이다.

- 구원을 믿는다는 것은 단순히 구원이라는 사건의 존재를 믿는 것이 아니라 구원에 진심으로 감동, 감사하는 것을 의미한다.

- 구원에 대한 믿음을 점검할 수 있는 질문은 다음과 같다.

  1) 구원이 없는 인생은 무엇이 있더라도 비참하다는 것에 동의하는가?

  2) 구원이 내 삶의 가장 감사한 가치인가?

  3) 구원에 대한 감사로 인해 내가 원하지 않을 때도 하나님 사랑과 이웃 사랑을 할 수 있는가?

대화해봅시다

1. 진단 질문 중 가장 인상적인 질문은 무엇이었나요?

2. 조심스럽게 현재 나의 믿음 여부를 진단해봅시다.
   (공개하기 어렵다면 공개하지 않아도 괜찮습니다.)

3. 믿음 여부를 오진하게 되면, 어떤 문제가 발생하게 될까요?

6강
그래서, 이제 어떻게 해야 하나요?
- 올바른 믿음을 위한 출발

병원에서 하는 진단이 그러하듯이
내 믿음을 정확히 진단하는
이 과정은 쉽지 않았다.

내 부끄러움과 욕망도 직면해야 하고
동시에 내 시간이 부정당하는 듯한
기분도 느껴야 했다.

그럼, 난 어떻게 해야 하는 걸까?

기도, 예배 참석, 말씀 공부…
이미 교회에서 할만한 건 다 했는데
앞으로 뭘 어떻게 해야
올바른 믿음을 가질 수 있는 걸까?

지금까지의 여정을 거쳐오면서
마음에 상처를 입은 분이 있진 않을까 염려됩니다.

"신앙이 부정당한 기분이에요."
"그동안 나는 헛된 짓을 한 건가요?"

그런 분들을 위해 꼭 드리고 싶은 말씀이 있습니다.
바로 **여러분의 시간은 헛되지 않았다**는 겁니다.

아내의 생일 날짜도 모른 채
파티를 준비한 남편의 이야기를 다시 떠올려봅시다.

물론, 그 모습이 한심하고 답답하지만
어쨌든 파티를 준비한 그 노력에는
좋은 남편이 되고 싶은 그의 바람이 담겨 있습니다.

아마 다음 해에는 파티를 준비해본 경험을 살려
올바른 날짜에 더 좋은 파티를 준비할 수 있겠지요.

그동안 우리가 구원도 제대로 모른 채
이런저런 열심을 냈을지라도

그 열심 안에는 하나님을 향한
각자의 진심이 담겨 있었을 겁니다.

'나를 창조하신 분, 나를 지키시는 분.
그분을 더 알고 싶고, 경배하고 싶다.'

하나님은 분명 그 마음을 아실 거라 생각합니다.

마치 캄캄한 바다에서 헤엄치는 것처럼
방향을 몰라 허우적대긴 했지만,
그 허우적거림으로 생긴 노하우는
날이 밝아 목적지를 올바로 알게 되었을 때
우리를 목적지로 빠르게 안내해줄 헤엄이 될 겁니다.

그리고 하나님은
우리가 그 올바른 방향을 바라보길
오랫동안 기다리셨을 겁니다.

우리에게 존재를 드러내심으로
우리 기도에 응답하심으로
우리의 감정을 터치하심으로

우리에게 교회 생활의 재미를 허락하심으로

우리의 어깨를 두드렸던 그분을
이제는 올바로 바라보아야 할 때인 거죠.

늦지 않았습니다.
이제부터 우리는 올바른 믿음을 향해 달려가면 됩니다.

구원에 온전히 감화되어
그 사실을 내 삶의 가장 귀중한 가치로 두고
그 감격으로 내 삶이 바뀌는 순간,

그 순간을 맞이하기 위해
우리는 첫걸음을 뗄 겁니다.

자, 믿음을 가지기 위해
우리는 어떤 단계를 거쳐야 할까요?

다음 **세 가지 요소**가 우리에게 필요합니다.

첫 번째 요소 : 고백

믿음을 위한 첫 번째 요소는
그 믿음이 필요함을 **고백**하는 것입니다.

"나는 이미 올바르게 믿고 있는데?"
라고 말하는 사람에겐
올바른 믿음이 자리하기 쉽지 않을 겁니다.

사실 지금까지 읽은 1-5장의 내용은 모두
여러분에게서 '고백'을 이끌어내기 위한 과정이었습니다.

"주님, 당신은 누구십니까?"

예수님의 꾸지람을 들었던 오병이어의 사람들이
예수님에게 그분이 어떤 분인지 겸허히 물었던 것처럼

내 모든 허울을 벗어던진 그 솔직한 고백이
믿음을 향한 첫 번째 걸음입니다.

"주님, 저는 나름 주님을 알고 있다고 생각했는데
사실은 주님을 몰랐네요.
저 이제라도 주님을 올바로 알고 싶습니다."

비그리스도인도 마찬가지입니다.

교회를 한 번도 안 나온 사람이 믿음을 가지려면
우선 기독교의 이야기가 궁금하고,
알고 싶고, 필요하다는 '고백'이
제일 먼저 있어야 할 것입니다.

이 고백이 없는 상태에선 복음을 전해도
그 사람에겐 강요로 느껴지거나
무관심의 벽을 뚫지 못할 겁니다.

그래서 가장 먼저 시도해야 할 건,
그에게서 진솔한 고백을 이끌어내는 것이겠죠.

"이 이야기를 저도 알고 싶어요."
"제 삶의 문제에 대한 답을 기독교에서 찾고 싶어요."
"나도 당신들처럼 살고 싶어요. 어떻게 하면 되죠?"
라는 고백을 하게 되었을 때

그때 비로소
믿음을 향한 귀한 여정을 출발할 수 있을 겁니다.

그런데 세리는 멀찍이 서서,
하늘을 우러러볼 엄두도 못 내고, 가슴을 치며
'아, 하나님, 이 죄인에게
자비를 베풀어주십시오' 하고 말하였다.
내가 너희에게 말한다.
의롭다는 인정을 받고서 자기 집으로 내려간 사람은,
저 바리새파 사람이 아니라 이 세리다.

눅 18:13,14 새번역

두 번째 요소 : 지식

올바른 믿음을 위한 두 번째 요소는
바로 **지식**입니다.
구원에 대한 올바른 지식이지요.

"저는 아직 구원이 감사하게 느껴지지 않아요"
라고 고백하는 경우,
대부분 그 원인은 무엇일까요?

어떤 사람들은 이 원인을
너무 신비적인 요소에서 찾곤 합니다.
그 믿음을 갖기 위해선 신비적 체험이 필요하다고 말하죠.

"아직 하나님을 체험하지 못해서 그래!"
"열심히 기도하고, 부르짖어봐. 그러면 알게 돼!"

그런데, 실제로 사람들을 가르치다 보면
구원에 감동하지 못하는 이유는 굉장히 현실적입니다.
바로 '구원에 대해 잘 모르기 때문'입니다.

구원에 감동하고 싶어도
구원이 무엇인지 정의를 내리지 못하고
복음에 여전히 해결되지 않는 질문이 많아
구원을 믿지 못하는 경우가 거의 대부분이었습니다.

즉, 정보의 부족이 원인입니다.

네, 물론 우리는 구원을 아주 모르진 않습니다.
어려서부터 교회를 다니며 종종 들어왔거든요.

그런데 막상, "구원이 뭔가요?"라고 누가 물어보면
"예수님이 우리 죄를 대신해 죽으셨고,
그 덕분에 저는 천국에 간대요"
정도의 대답에 그치는 경우를 종종 봅니다.

물론 저 대답은 구원에 대한 훌륭한 요약은 맞지요.
또 누군가는 저 요약만으로도 구원에 감화되기도 합니다.
그러나 보통은 저 지식만으로는
구원에 대한 궁금증을 온전히 해결하기 어려울 뿐더러
오히려 추가적인 질문들을 낳게 됩니다.

"죽어서 천국에 가는 게 구원이라면,
최대한 늦게 믿는 게 이득 아닌가요?"

"내가 죄인이라고 하는데, 납득은 잘 안 돼요.
완벽하진 않지만, 저도 분명히 선한 모습은 있거든요."

"원죄를 이해하기 어려워요. 그건 아담의 잘못이잖아요.
왜 제가 연좌제로 엮여야 하는 거죠?"

"예수님의 죽으심이 정말로 우리의 죄를 해결했나요?
그럼, 뉴스에 나오는 수많은 죄는 어떻게 설명할 수 있나요?"

우리 안에 이런 궁금증이 남아 있다면
구원에 감화되긴 어렵습니다.

그래서 구원에 감화되기 위해
우리가 해야 할 가장 중요한 일은
이 질문들에 대한 답을 찾는 것,
즉, **구원에 대한 올바른 지식**을 배우는 일입니다.

알아야 믿죠!

성경은 어떻게 말하고 있을까요?

그러므로 믿음은 들음에서 나며
들음은 그리스도의 말씀으로 말미암았느니라
롬 10:17

좀 더 확장해서 올바른 믿음을 갖기 위해선
성경 전체의 주제인
하나님나라에 대한 지식이 반드시 있어야 합니다.

그랬을 때 우리는 구원에 대해서 피어오르는
우리의 궁금증을 해결할 수 있습니다.

그런데 안타깝게도 교회 현장에서
이 지식의 중요성을 상당히 폄하할 때가 많습니다.

"탁상공론으로 신앙을 논하다니, 에잇…."
"영적인 체험이 중요한 거지!"
"뜨거운 신앙 없이 쟤는 따지기만 하고 말야, 쯧쯧…."

교회 현장에서 지식에 관한 탐구를 가로막는
몇 가지 생각을 살펴볼까요?

**1) 기도와 예배, 찬양은 뭔가 영적인 일 같지만
구원을 공부하고 토론하는 일은
뭔가 영적인 일이 아닌 인간의 노력 같다는 생각**

**2) 복음에 대해서 질문하는 것은
순종하지 않고, 성경과 교회의 권위에 도전하는 일이라는 생각**

**3) 성경은 의심하지 말고 믿으라 했기에
구원에 대해 질문하고 탐구하는 것은 잘못되었다는 생각**
(막 11:23, 마 21:21, 눅 24:38 등)

그러나 이 모든 것은 철저한 오해입니다.

1) 구원을 공부하고 토론하기

우선, 성경이 기록하는 예수님의 모습을 봅시다.
예수님의 본질은 '말씀'이라고 이야기하시지요.

태초에 '말씀'이 계셨다.
그 '말씀'은 하나님과 함께 계셨다.
그 '말씀'은 하나님이셨다.
요 1:1 새번역

그렇기에 말씀을 공부하는 일은
우리가 할 수 있는 일 중 가장 **영적인 일**입니다.

때문에 우리가 예수님을 만나고 싶다면
어떤 신비한 현상이나 울음을 사모할 것이 아니라

예수님의 말씀이 기록된 성경,
그리고 그 성경이 말하는
'생명의 밥' 되신 예수님을 배우는 것이
첫 번째입니다.

2) 복음에 관해 질문하기

그리고 복음을 배울 때 질문하는 것은
지극히 당연한 일입니다.

쌀을 씻을 때 돌을 골라내는 것처럼,
내게 들어온 지식 중 납득 되지 않는 부분을
찾아내 해결하는 것이 바로 질문이기에
질문하는 일은 복음을 배우는 과정에서 필수적입니다.

무엇보다 예수님의 말씀 중 상당수가
사람들의 질문에서 시작했다는 점은
(마 9:14, 15:2, 17:19, 18:1 등)
질문하는 것이 절대로
권위에 대한 도전이 아님을 알 수 있습니다.

3) 성경에 대한 의문과 의심

또한 의심하지 말라는 예수님의 말씀은
하나님의 존재와 그분의 능력을
의심하지 말라는 말씀이지,
배우는 내용에 대해 사고하지 말라는 말씀이 아닙니다.

즉, 성경은 단 한 순간도
지식의 가치를 부정한 적이 없습니다.

물론 지식만 쌓고,
예배와 올바른 삶의 가치를 소홀히 여긴다거나
지식을 앞세워 교만을 부린다면 그것은 분명 문제겠지요.

하지만 지식 없는 신앙 또한 심각한 문제입니다.
"아, 몰라. 난 일단 찬양할 때 너무 기쁘단 말야."

그런데 정작 그분이 누군지,
그분이 하신 일이 무엇인지 모른다면
그 찬양과 예배는 자신의 감정을 충족하기 위한
행위에 그칠 수밖에 없을 겁니다.

심지어 '성령의 임재'를 누리는 것도
복음에 대한 올바른 지식이 앞서야 한다고
성경은 말합니다.

이후에 더 자세히 설명하겠지만
우리는 성령을 어떤 무속적인 힘으로
오해할 때가 많습니다.

그래서 성령의 임재를 구할 때도
마치 무속의 현장처럼
감정적으로 과잉된 상태를 추구하기도 합니다.

그러나 에베소서 1장 13절은
우리가 성령의 자녀가 되기 위한
기본 전제를 알려줍니다.

여러분도 그리스도 안에서 진리의 말씀
곧 여러분을 구원하는 복음을 듣고서
그리스도를 믿었으므로,
약속하신 성령의 날인을 받았습니다.

엡 1:13 새번역

성령님이 에베소교회 교인들의 이마에
"너, 내 거!" 하고 도장(날인)을 찍으셨답니다.

그것이 가능했던 이유는 이들이
'진리의 말씀, 복음을 듣고 믿었기 때문'이라는 거죠.

그만큼 성경은 지식의 가치를
중요하게 생각하고 있습니다.

그래서 내가 믿음을 가지기 위해선
어떤 신비하고, 신령하고, 특별한
체험이 필요한 게 아니라
복음에 대한 올바른 지식을 쌓는 과정이 필요합니다.

세 번째 요소 : 성령님

믿음이 완성되기 위한 마지막 퍼즐은
바로 **성령님**이십니다.

질문과 학습을 통해 복음에 대해 알게 되었다고 해도
여전히 그 내용을 믿지 못하는 사람들도 있습니다.

만약 지식만으로 믿음이 생긴다면
성경을 연구하는 인문학자는
모두 그리스도인이어야 했겠죠.

복음에 대한 지식은 믿음으로 가기 위한
좋은 징검다리가 되어주지만
마지막엔 결국 지식만으로는 다다를 수 없는
'도약'이 필요한 지점을 만나게 됩니다.

"아니, 어쨌든 '2000년 전에 중동에서
한 남자가 죽은 사건이 나를 영원히 살게 했다'라는
사실을 믿으라는 거 아닌가요?"

이 도약을 가능케 하시는 분이 '성령님'이십니다.

그러므로 나는 여러분에게 알려드립니다.
하나님의 영으로 말하는 사람은 아무도
"예수는 저주를 받아라" 하고 말할 수 없고,
또 성령을 힘입지 않고서는 아무도
"예수는 주님이시다" 하고 말할 수 없습니다.

고전 12:3 새번역

우리는 성령님의 역할과 사역을 오해할 때가 종종 있습니다.

'성령집회', '성령임재'라는 단어를 떠올려볼까요?
그러면 우리 머릿속에 떠오르는 장면은
사람들이 큰 목소리로 박수치며 기도하는 모습과
"기적이 발생했다"라며 여기저기서 외치는
소란스러운 모습일 겁니다.

그래서 '성령님'을 마치
신비한 마법의 원동력 내지는
게임에 등장할 법한 에너지,
수호령 같은 개념을 떠올리곤 합니다.

그러나
이런 신기하고 자극적인 체험 중에는 허구도 많거니와
사실이라 하더라도 성령님의 부수적인 사역에 불과합니다.

성령님의 본질적 사역은 무엇일까요?
다름 아닌 성부, 성자가 우리에게 주신
구원의 은혜를 깨닫게 하는 것입니다.

우리는 세상의 영을 받은 것이 아니라,
하나님에게서 오신 영을 받았습니다.
그것은, 하나님께서 우리에게 은혜로 주신 선물들을
우리로 하여금 깨달아 알게 하시려는 것입니다.

고전 2:12 새번역

그래서 믿음에 다다르기 위해
우리에겐 분명히 '성령님'의 도움이 필요합니다.

그분은 우리가 그동안 배웠던 복음에 대한 지식을
믿음으로 바꿔주시는 분이며
내 안에 함께 거하시면서 우리 안에
구원의 기쁨을 샘솟게 해주시는 분입니다.

자, 지금까지 올바른 믿음에 도달하는 데 필요한
세 요소를 살펴보았습니다.

첫 번째 요소 : 고백
두 번째 요소 : 지식
세 번째 요소 : 성령님

회심하게 된 사람들의 사례를 분석해보면
대부분 저 순서를 거쳤음을 알 수 있습니다.

1. 믿음에 대한 필요를 고백하고
⇩
2. 믿음에 필요한 지식을 공부하고
⇩
3. 믿음을 주시는 성령님의 도우심을 구해서
⇩
드디어 '회심'에 이르게 되지요.

어떤 순서는 아주 빠르게 지나가서
기억이 가물가물할지라도
보통은 저 순서를 모두 지나쳐왔을 겁니다.
그렇다면 이제부터 우리는 이 이론에 근거해서

우리의 상태를 좀 더 자세히 진단할 수 있습니다.

이전까지는 단순히
'내가 믿는다 / 안 믿는다'를 구분할 수 있었다면
이제는 **내가 믿지 못하는 원인**을 분석할 수 있는 것이지요.

	고백	지식	성령
1단계 : 무관심	X	X	X
2단계 : 무지	O	X	X
3단계 : 불신	O	O	X
4단계 : 회심	O	O	O

믿음의 3가지 요소에 기반해
믿음에 이르는 과정을 4단계로 구분한 표입니다.

자신의 상태를 지금부터 한번 진단해보겠습니다.

고백	
O	– 나에겐 하나님이 필요하다고 생각한다. – 하나님을 더욱더 자세히 알고 싶다.
X	– 복음, 하나님의 필요성을 아직 잘 모르겠다.

지식	
O	– 나는 구원이 왜 필요한지, 삼위 하나님이 우리에게 어떻게 구원을 주셨는지, 우리가 어떻게 구원을 누리면서 살 수 있는지 대답할 수 있다. – 나는 비그리스도인에게 기독교의 기본 진리를 설명할 수 있다.
X	– 나는 구원에 대해서 여전히 납득되지 않는 사실이 있다. – 구원에 대한 질문 중 내가 답할 수 없는 질문이 있다.

성령	
O	– 5장에서 제시된 진단 질문에 모두 긍정할 수 있다. – 단순히 '절대자, 신'에 대한 감사가 아니라, 삼위 하나님이 베푸신 구원에 대한 명확한 감사가 있다.
X	– 5장에서 제시된 질문을 모두 긍정하기 어렵다. – 구원에 대해서 충분한 지식은 있지만, 아직 이것이 감사한지 잘 모르겠다.

각각의 요소에 대한 나의 답이 나왔다면,
이제 다음과 같이 나의 상태를 분류할 수 있습니다.

1단계 : 무관심
복음과 기독교에 대해서 그 어떤 관심도 없는 상태

2단계 : 무지
복음에 대한 관심은 있으나, 아직 제대로 알지 못하는 상태

3단계 : 불신
복음의 내용은 이해했으나, 아직 그 내용이 믿어지지 않는 상태

4단계 : 회심
복음의 내용이 믿어져 마침내 올바른 믿음을 갖게 된 상태

자신의 사례가 위에 등장하지 않는다면
다음의 사례들을 참고해보시면 좋겠습니다.

사례 1)

고백	지식	성령
X	O	X

상태 "저는 기독교를 알고 싶은 마음도 없었는데
부모님이 강제로 복음의 내용을 가르치셔서
그 내용은 상당수 알고 있습니다. 동의되진 않고요."

진단 이 경우라면 일단 '고백'이 없는 상태이고
고백이 없는 상태에서 배운 지식은
마음에 잘 남지 않았을 수 있어,
지식에 대한 재점검도 필요하므로
1단계 : 무관심으로 분류할 수 있을 듯합니다.

	고백	지식	성령
1단계 : 무관심	X	X	X

사례 2)

고백	지식	성령
O	X	O
X	X	O

상태 "저는 수련회에서 성령님의 임재를 뜨겁게 경험했어요. 하지만 아직 구원에 대해서는 잘 몰라요."

진단 여기서 말하는 '성령님'은 그분의 주된 사역이신
'복음을 깨닫게 하시는 역할'로 사역하신 경우를 말합니다.
이분이 느끼신 체험 또한 성령님의 사역이라 볼 수 있겠으나
여기서는 성령님의 사역을
'복음을 깨닫게 하는 사역'으로 한정하고 있으므로
고백 O, 지식 X, 성령 X의 상태로 보는 게 맞겠고,
분류에 따라 **2단계 : 무지**의 상태로 보는 게 적합합니다.

	고백	지식	성령
2단계 : 무지	O	X	X

사례 3)

고백	지식	성령
O	X	O

상태 "저는 5장에서 제시한 진단 질문에 모두 긍정할 수 있습니다. 그런데 아직 구원에 대한 모든 질문에 답할 수 있거나 지식이 완벽한 상태는 아니에요. 그러면 저의 상태는 무엇인가요?"

진단 이 경우라고 한다면, 회심의 상태로 봐도 무방합니다. 어쨌든 우리의 회심 여부를 점검할 수 있는 건 5장에서 제시된 진단 질문이니까요.

구원에 대한 지식을 쌓아갈수록 회심에 이르기 쉬운 것은 맞지만 구원에 대한 지식이 완벽해야 회심할 수 있다는 '지식절대주의'는 분명 잘못되었습니다. 경우에 따라, 구원에 대해 정말 낮은 지식만 가지고 있더라도 감화되는 사례는 분명 있으니까요.

다만, 구원에 대한 지식이 깊어질수록 구원에 대한 감사 또한 깊어지기에, 회심했더라도 구원에 대한 지식을 꾸준히 쌓기를 권장합니다.

저 표를 기준으로
내가 어떤 단계에 해당하는지 진단해보셨나요?

이전 장들에서 단순히
'나는 하나님을 안 믿는가 봐'라고 진단했을 때는
막막하고, 비참한 마음만 들었다면

이번 장에서는
'내가 믿음이 없었던 이유'를 파악할 수 있으므로
좀 더 진취적인 마음을 가질 수 있을 겁니다.
나에게 부족한 요소를 지금부터 채워나가면 되니까요.

다음 장에서는 각 단계에 맞는 대처법을 알아보고자 합니다.

내가 무관심의 단계라면,
무지라면, 불신이라면, 회심이라면.

나는 지금부터 무엇을 해야 할까요?

모범생의 요약 노트

- 올바른 믿음을 가지기 위해 고백, 지식, 성령이 필요하다.

- 위 세 가지는 보통 순서대로 오기에, 다음과 같이 비신자의 상태를 분류할 수 있다.
  무관심, 무지, 불신

- 자신의 상태를 정확히 진단하면, 각 상태에 맞는 대처법을 적용할 수 있다.

대화해봅시다

1. 신앙생활에서 올바른 지식의 가치를 소홀히 여겼던 경험이 있나요?

2. 성령님의 주된 역할은 무엇인가요? 혹시 성령님에 대해 오해했던 적은 없었나요?

3. 나의 상태는 어디에 해당하는 것 같나요?

7강
모태신앙, 이렇게 시작하세요

- 내 상태에 맞는 올바른 대처법

그냥 열심히 기도하면 되는 줄 알았다.
혹은 열심히 예배에 참석하면 되는 줄 알았다.

그러면 나도 언젠가
하나님을 진짜로 기뻐할 날이 오겠지.
구원을 정말로 기뻐할 날이 오겠지.

내가 아직 하나님을 만나지 못해서,
어떠한 신비한 경험을 하지 못한 것이
원인이라 생각했다.

그러나 생각보다 원인은 간단한 것에 있었다.
그런데, 그 간단한 것도 얻기 쉬워보이진 않는다.

어떻게 해야 나는 믿음을 가질 수 있을까?

드디어, 이 책의 제목에 맞게
무언가를 시작할 수 있는 상태가 되었습니다.

이제 모든 진단을 마쳤습니다.
나에게 믿음이 있는지 없는지,
믿음이 없다면 그 원인은 무엇인지.

앞 장에서 나의 상태를 진단했다면
이제부터는 각 상태에 맞는 대처법을
알아보도록 하겠습니다.

'1단계 : 무관심'을 위한 대처법

1) 장벽을 제거하기

기독교에 대해 무관심하거나,
 그것을 넘어 기독교에 거부감을 느끼는 경우
 마음속에 자리한 장벽이 원인인 경우가 많습니다.
이 장벽에는 보통 두 가지가 있습니다.

"어렸을 때 교회 갔더니,
헌금 시간에 동전을 낸다고 대뜸 혼내지 뭐예요!"

"나는 교회도 안 다니는데,
밥 먹을 때 식사기도 안 한다고 나한테 뭐라 했던
초등학교 담임 선생님을 지금도 못 잊어요!"

"예전에 살던 집의 집주인이 예수쟁이인데,
전세금 돌려받을 때 얼마나 애를 먹이던지, 원!"

이처럼 기독교인에게서나 교회에서 받은 상처로
기독교에 거부감이 생긴 경우는 **감정적 장벽,**

"신이 존재한다면, 이 땅에 왜 끔찍한 일이 일어나는 거죠?
그 신이 무능하거나 전지전능하다면,
너무 고약한 신이 아닌가요?"

"성경이 만들어진 고대 근동 지방에서, 이미 성경과 비슷한
내용을 가진 경전과 신화집이 다수 발견되었어요.
그런데 성경만이 진리라고 여길 근거가 있을까요?"

"성경을 보면, 오늘날의 과학적 발견과 어긋나는 부분들이
많이 등장합니다. 이 모순은 어떻게 해결할 수 있나요?"

이와 같이 기독교 교리에서 느껴지는 논리적 모순에 대한
거부감이 강해 기독교의 내용을 듣기 어려운 경우는
논리적 장벽에 해당하지요.

이러한 장벽이 마음속에 단단히 자리잡고 있으면
복음에 관한 이야기를 듣기가 쉽지 않습니다.

마치 체기가 있는 상태에서 식사를 강요받는 느낌이기에
전달자와 대상자 사이의
감정적 대립으로도 이어질 수 있지요.

그래서 이런 경우,
직접적인 복음을 바로 듣기보다는
장벽 제거에 먼저 집중하기를 권하고 싶습니다.

감정적 장벽이 있을 때는
신뢰할 수 있는 기독교인에게
감정적 장벽이 생긴 원인을 터놓길 추천합니다.

그리고 그것을 들은 기독교인은
무리하게 교회를 변호하려 하지 말고,
상대방이 겪은 상처와 분노에 충분히 공감해주고
그 대안이 될 수 있는 공동체를 소개해주어야 합니다.

논리적 장벽의 경우에는
그에 맞는 논리적 해결이 필요합니다.

신뢰할 수 있는 목회자나 신학생에게
이해되지 않는 부분을 질문하거나
해당 질문들에 답을 제시해주는
변증서적, 강의를 통해 올바른 답을 얻음으로
논리적 장벽을 해소할 수 있습니다.

2) 복음이 필요한 이유를 탐구하기

이 단계에서
직접적으로 복음을 탐구하기는 어렵습니다.

복음에 관심이 없는 상태이기에
"하나님이 말이야", "예수님이 말이야", "성경에 말이야"
이렇게 관심 없는 단어로 시작하는
이야기를 듣기는 쉽지 않습니다.

물론 복음을 탐구하는 과정에서
복음에 대한 호기심과 필요가 자연스레 생길 수도 있기에
직접적인 복음이 절대 효과가 없다고 단언할 순 없겠지만,
좀 더 효과적인 방법을 제시하고 싶습니다.

배가 고프지 않은 이에게 음식을 먹이려면
음식보다 필요한 것은 허기를 깨닫게 하는 일입니다.

마찬가지로
복음의 필요성을 느끼지 못하는 이들에게는
직접적인 복음 전달에 앞서,

우리 삶에 왜 복음이 필요한지를
일깨워주는 작업이 먼저 필요합니다.

그래서 성경보다는 삶을
집중적으로 관찰하길 권합니다.

인간의 삶을 잘 관찰하다 보면,
별문제 없는 듯해도
마치 도넛처럼 크게 뚫려있는 구멍을
발견하게 됩니다.
그것은 바로 **'죄'** 와 **'죽음'** 이지요.

이 두 가지에 대한 문제를
고민하지 않는 사람은 없습니다.
세상의 모든 종교와 철학은
이 문제에 대한 대답으로 등장했으니까요.

그래서 '죄'와 '죽음'에 관한 이야기를 깊게 조망해서
우리 삶의 빈 곳을 발견하게 하는 이야기를 한다면
자연스럽게 복음에 대한 갈증을 이끌어낼 수 있습니다.

"너는 어떤 삶이 행복하다고 생각하니?"

"요즘 어떤 게 너의 삶에 가장 큰 고민거리야?"

"어떤 뉴스를 볼 때 가장 안타깝니?"

이런 대화를 하다 보면 자연스럽게
'죄'와 '죽음'으로 인해 뚫린
삶의 구멍을 발견하게 되지요.
그리고 이야기하는 겁니다.

"그런데, 이 죄와 죽음에 대해서
답을 가졌다고 주장하는 게 바로 '기독교'(롬 8:2)야.
그러면 그 답을 한 번쯤 들어볼 필요는 있지 않을까?"

이 방식은 제가 군대에서
비그리스도인 병사들을 전도할 때,
또 대학교에서 비그리스도인 학생들을 전도할 때
아주 효과적으로 사용했던 방식입니다.

함께 인간의 삶을 깊게 관찰하며
복음으로만 채울 수 있는
깊은 구멍을 찾아주는 거지요.

3) 풍성한 삶을 체험하기

제가 군대에서 사역할 때 겪었던 일을
하나 소개하겠습니다.

어느 날, S병장이 일요일에 교회를 찾아왔습니다.
부대 내에서 종종 얼굴을 보던 사이였지만
혼자 교회를 찾아온 일은 처음이라 놀랐습니다.

"어이구, 어쩐 일이야?"
"저, 교회 한번 다녀볼까 싶어서요."
"그래? 갑자기?!"

반갑고 놀라운 마음에 그 이유를 물었습니다.

"저와 같은 생활관을 쓰는 O병장 있잖습니까?
그 친구를 보고 있으면
뭔가 좀 다르다는 느낌이 늘 드는 거예요.
화날 만한 상황에 화도 잘 안 내고,
말도 항상 좋은 말을 하려고 하고,
남을 돕는 게 습관처럼 몸에 배어있다고 해야 할까요?

그런데 그 친구가 저녁마다 성경을 보길래,
교회에 다니면 저런 삶을 살게 되는 건가 싶어서
궁금해서 좀 나와보게 됐습니다."

머리를 긁적이며 말하는 S병장의 모습에서,
다음의 성경 구절이 떠올랐습니다.

너희가 서로 사랑하면,
모든 사람이 그것으로써
너희가 내 제자인 줄을 알게 될 것이다."
요 13:35 새번역

누군가에게 어떤 음식을 먹게 하고 싶다면
그 앞에서 그 음식을 맛있게 먹는 모습을
보여주는 방법이 최고일 겁니다.

마찬가지로 우리도
누군가가 복음을 영접하길 원한다면
복음을 영접했을 때 누릴 수 있는
이점을 보여주는 게 가장 좋겠지요.

그 이점은 바로 '악함'과 '죽음'의 해결,
그리고 사랑과 기쁨, 정의가 풍성한 삶입니다.

복음에 무관심한 사람에게 더욱 큰 사랑을 베풀어주고
그 앞에서 남다른 사랑의 모습과 올바름을 보여준다면
그 사람이 자연스레 복음에 호기심을 갖게 될 겁니다.

사랑과 정의는 기독교를 믿지 않더라도
모든 사람이 바라는 삶의 가치관이니까요.

그리고 이것이 초기 기독교가 성장할 수 있었던
원동력이기도 합니다.

노예를 대접하고, 가난한 자를 돌보고,
조강지처를 사랑하는 희한한 이들이
로마 사회에 등장한 겁니다.

이 놀라운 모습에 사람들은
자연스레 호기심을 가지게 되었고
그 지하 카타콤까지 찾아와서
공동체의 문을 두드리게 되었죠.

이상과 같이 살펴본

'1단계 : 무관심'을 위한 대처 방법은

3가지 모두 공통적으로

주변의 도움이 많이 필요하다는 것을 알 수 있습니다.

물론 저 모든 과정을 스스로 해낼 수도 있겠지만

주변의 적절한 도움이 있다면

이 과정을 더 빠르고 건강하고 효과적으로

지나갈 수 있을 겁니다.

'2단계 : 무지'를 위한 대처법

1) 공부하기

무지를 극복하는 가장 좋은 방법은 당연히 공부겠지요.
어려서부터 입시에 시달린 한국인에게 공부란
유쾌한 기분을 이끌어내기 어려운 단어겠지만
이보다 좋은 단어가 떠오르지 않네요.

"어? 그런데 이미 교회에서 성경공부를 하고 있는데요?"
라고 말씀하시는 분도 많을 겁니다.

그런데 회심을 한 성도가 하는 성경공부와
회심을 목표로 하는 성경공부는 분명 다릅니다.

회심을 한 성도라면 공부의 주제가 다양할 수 있습니다.

- 회심한 후 우리의 삶이 어떠해야 하는지
- 교회의 역사
- 성경 한 권을 자세히 파헤치기

그러나 회심을 목표로 하는 성경공부는
보다 구원이라는 주제에 더 집중되어 있어야 합니다.

'인간의 삶에 구원이 왜 필요한가요?'
'구원을 누리는 삶은 무엇인가요?'
'예수님의 부활은 꼭 필수적이었나요?'
와 같이 기독교의 핵심 진리에 대한 질문에
응답할 수 있는 교육을 받아야 합니다.

이 내용은 어떻게 배울 수 있을까요?

물론 성경을 읽어도 위 과정을 배울 수 있겠지만
성경의 분량이 워낙에 방대하고,
또 한 개인이 66권의 정확한 맥락을 파악하기엔
어려울 수도 있는지라
이 과정을 도와줄 수 있는 좋은 자료들을
활용하는 걸 권합니다.

예를 들어

고백록, 기독교 강요, 순전한 기독교와 같이

기독교의 명서라고 할 수 있는

고전들도 도움이 되고요.

웨스트민스터 요리문답, 하이델베르크 요리문답,

뉴시티 요리문답, 엠마오 요리문답처럼

질문-답 형식으로 구성되어

기독교를 기초부터 알아갈 수 있게 도와주는

요리문답도 큰 도움이 됩니다.

혹은 이 과정을 위해

각 교회에서 자체적으로 운영하는

프로그램에 참석하는 것도 큰 도움이 됩니다.

2) 질문하기

이 시기에 가장 중요한 행동 중 하나가 '질문'입니다.

회심을 위한 교육은
마치 자격증 시험을 위한 교육처럼
단순 암기를 목적으로 하는 교육이 아닙니다.
내면의 진실된 동의를 이끌어내는 것이 목적이지요.

그런데 어떤 내용에 내가 진실되게 동의하려면
그 내용에 대해서 떠오르는 반박을
마치 불순물을 거르듯 꺼내어 해결해주어야 합니다.
그리고 이 해결 과정이 바로 '질문'이지요.

간혹 믿음을 '맹목적 동의'와 혼동해
질문하지 않고 믿어야 한다고 생각하는 사람도 있습니다.

성경의 사례만 보더라도 그렇지 않습니다.
복음을 받아들이는 과정에서
많은 사람이 예수님께 질문을 던졌고
예수님은 그 질문에 응답하셨습니다.

예수께서 그에게 말씀하셨다.

"내가 진정으로 진정으로 너에게 말한다.

누구든지 다시 나지 않으면, 하나님나라를 볼 수 없다."

니고데모가 예수께 말하였다.

"사람이 늙었는데, 그가 어떻게 태어날 수 있겠습니까?

어머니 뱃속에 다시 들어갔다가 태어날 수야 없지 않습니까?"

예수께서 대답하셨다.

"내가 진정으로 진정으로 너에게 말한다. 누구든지 물과 성령으로 나지 아니하면, 하나님나라에 들어갈 수 없다.

요 3:3-5 새번역

오히려 질문한다는 것은

내가 배우는 내용을 단순히 흘려듣지 않고

신중히 사고하며 들었다는 것이기에

가장 적극적이며 순종적인 형태의 듣기라고 볼 수 있습니다.

그래서 이런 질문들을 자유롭게 꺼낼 수 있어야 하고

그때 그 용기를 칭찬해주고 환영해주는

공동체의 도움이 반드시 있어야 할 것입니다.

(다만 질문할 때 예의와 존중을 잃어선 안 되겠지요.)

그리고, 앞서 첫 번째 대처로 '공부하기'를 제시했지만
책을 통한 공부가 쉽지 않은 분도 있을 겁니다.

별도의 시간을 내기 어렵거나
책을 읽는 것 자체에 어려움을 느끼는 분도 분명히 있지요.

그런 분에게 '질문'은 그 자체로 훌륭한 공부가 됩니다.
쌍방 대화 방식으로 이루어지는 질문과 답은
책보다 훨씬 더 효율적으로
필요한 지식을 얻을 수 있도록 도와주고

질문자의 조건과 상태에 맞추어 지식이 제공될 수 있기에
정말 훌륭한 공부 방법이라고 말할 수 있습니다.

그리고 원활한 질문을 주고받을 수 있도록
큰 규모의 세미나, 설교보다는
소그룹 혹은 1대1 형태의 교육이 더욱 효과적입니다.

3) 헌신보단 양육받기

교회에서는 다양한 일이 이루어지기 때문에
그 일을 돕는 헌신에 많은 인력이 필요합니다.
그렇다 보니, 많은 사람에게 동참을 요구하는데

어떤 경우,
아직 회심하지 않은 사람들이 교회 일에 투입되느라
양육을 받지 못하는 사례도 보게 됩니다.

우리는 본질을 잊어선 안 됩니다.
헌신은 구원의 기쁨을 누리는 사람이
그 기쁨을 표현하기 위한, 혹은 더 전하기 위한 행동입니다.

그런데 아직 그 복음의 기쁨을 모르는 사람이 헌신한다는 건
고된 노동 혹은 취미 생활일 뿐입니다.

그래서 누군가가 아직 회심하지 못했다면
그 사람은 헌신, 봉사하기보단 양육 받아야 할 때입니다.

물론, 아직 그 기쁨을 알지 못해도
단순히 일하는 즐거움, 누군가를 돕는 즐거움에
헌신의 자리에 참여할 수도 있을 겁니다.

이 자체를 나쁘다고 보긴 어렵습니다.
그러나 어디까지나 양육을 병행함을 전제로 해야 합니다.

아직 회심하지 못한 사람이 교회에서 헌신하느라
양육 받을 기회를 갖지 못한다면,
그것은 분명 잘못되었습니다.

마치 가게에서 파는 음식을
정작 본인은 먹어보지도 못한 채
사람들에게 맛있다고 홍보하는 종업원처럼요.

그들은 헌신이 아닌 양육의 자리에 서야 하며
교회 공동체는 그들에게 적절한 양육을 베풀어주어야 합니다.

4) 기도하기

앞서 설명했듯
우리가 배우는 지식을 믿음으로 이어주시는 분은
성령님입니다.

복음에 대한 올바른 지식을 배우는 과정에서
반드시 성령님의 도우심을 구하는 기도가 병행되어야 합니다.

이 기도에 대한 자세한 내용은
'3단계 : 불신'을 위한 대처법에서 설명하도록 하겠습니다.

'3단계 : 불신'을 위한 대처법

1) 공부하기

이미 복음의 내용에 대해서 충분히 알고 있으나
그 내용이 믿어지지 않는 경우가 바로
'3단계 : 불신'이지만

혹시나 아직 복음에 대한 지식이 부족한 것이
불신의 원인일 수 있으니
복음에 관해 공부하기를 그치지 않아야 합니다.

'아직 내가 몰라서 못 믿는 것일 수 있다'라는 가정을
항상 염두에 두어야 하지요.

이때 어떤 내용을 공부할지는
이미 '2단계 : 무지'를 위한 대처법에서 설명했으니
나머지는 생략하도록 하겠습니다.

2) 기도하기

그동안 배웠던 지식이 믿음이 되기 위해선
성령님의 도우심이 필요합니다.
그 도우심을 구하는 방법은 성경에 명확히 나와 있습니다.
바로 '기도'지요.

너희가 악할지라도
좋은 것을 자식에게 줄 줄 알거든
하물며 너희 하늘 아버지께서
구하는 자에게 성령을 주시지 않겠느냐 하시니라
눅 11:13

이때 우리가 구하는 성령의 임재는
어떤 신비한 일을 사모하는 것이 아닙니다.

우리 안에 성부 하나님과 성부 예수님이 베풀어주신
구원에 대한 깨달음과 믿음을 주시는
성령님의 임재가 오기를 구해야 합니다.

"성령님, 내 안에 임재하셔서
제가 배우고 있는 이 내용이 내 삶에 기쁨이 되기를,
그리하여 제가 하나님을 기뻐하는
온전한 성도가 되기를 원합니다.
나와 함께해주세요."

기도를 통해 성령님이 임재하시면 어떤 일이 일어나나요?
우리가 배웠던 복음에 대한 지식이 믿음으로 이어져
마침내 구원에 감화된 상태, 회심의 단계에 이르게 됩니다.

그런데, 이 시기는 사람마다 다르게 나타납니다.

누군가는 복음에 대한 지식을 배우는 과정의 초반에
성령님의 임재가 일어나기도 하고
(요한복음 3장 16절 한마디에 감화되는 경우도 있었지요)

누군가는 복음에 대한 지식을 끄덕끄덕하며 듣고 있다가
자기도 모르는 사이에 스스로 돌아보니 복음에 감화가 된,
즉, 시나브로 성령님이 임재하신 경우도 있습니다.

복음에 대한 지식을 듣고서도 동의되지 않다가
한참 후에 (길게는 몇십 년 후)
갑자기 성령님의 도우심이 찾아와
그 내용에 감화가 된 경우도 있었고요.

즉, 우리가 공부와 기도를 통해 성령님의 임재를 구하지만
그분이 임재하시는 시기는 알 수 없다는 겁니다.

"그렇다는 건, 우리가 열심히 공부하고 기도해도
성령님이 임재하지 않을 수 있다는 건가요?"

오, 그렇지 않습니다.
이 부분은 예수님이 확실히 보증하셨어요.
구하는 자에게 반드시 성령을 주신다고요.

구하는 사람마다 받을 것이요,
찾는 사람마다 찾을 것이요,
문을 두드리는 사람에게 열어주실 것이다.

눅 11:10 새번역

우리는 예수님의 이 보증을 믿고
꾸준히 공부하고 기도하면 됩니다.
언제까지요?
우리에게 구원의 감화가 올 때까지!

예수께서 그들에게 말씀하셨다.
"너희 가운데 누구에게 친구가 있다고 하자. 그가 밤중에 그 친구에게 찾아가서 그에게 말하기를 '여보게, 내게 빵 세 개를 꾸어주게. 내 친구가 여행 중에 내게 왔는데, 그에게 내놓을 것이 없어서 그러네!' 할 때에, 그 사람이 안에서 대답하기를 '나를 괴롭히지 말게. 문은 이미 닫혔고, 아이들과 나는 잠자리에 누웠네. 내가 지금 일어나서, 자네의 청을 들어줄 수 없네' 하겠느냐? 내가 너희에게 말한다. 그 사람의 친구라는 이유로는, 그가 일어나서 청을 들어주지 않을지라도, 그가 졸라대는 것 때문에는, 일어나서 필요한 만큼 줄 것이다.
눅 11:5-8 새번역

3) 초조함을 버리기

그래서 이 시기에 중요한 것이
믿음이 찾아오지 않더라도 '초조해하지 않는 것'입니다.

물론 조급한 마음이 들 수 있습니다.
특히 이미 그 기쁨을 누리고 있는
다른 공동체원들을 본다면 그 초조함은 더해지겠지요.

그러나, 앞서 보았던 예수님의 보증에 근거해서
초조함을 버려야 합니다.

내가 복음에 대해서 열심히 알아가고 있고
이것을 믿기 위해 기도하고 있다면
그 이후로는 하나님의 영역이기에
초조해할 필요 없이 그분께 모든 것을 맡기면 됩니다.

만약 복음에 감화되지 않는 시간이 길어진다면
어쩌면, 그분이 보시기에
그 시간이 그 사람에게 필요하다고
판단하셨을 수 있을 겁니다.

복음에 대해 더 충분히 고민하고,
갈급해하는 그 시간을 통해
공급받아야 할 것이 있다고 판단하셨을 수 있겠지요.

초조함을 내려놓고
하나님을 신뢰하는 마음으로 공부하고 기도하며
공동체와 함께 즐겁게 교제해야 합니다.

4) 강박을 버리기

"저는 아직 3단계에 머물러 있어요"라고 말하는 분 중에
간혹, 회심의 기준을 너무 높게 잡아서
자신을 3단계로 판단하는 분이 있습니다.

가장 대표적인 것이 도덕적 결벽입니다.
"저는 제 삶에서 분노를 내려놓지 못했어요.
저는 회심하지 못한 것이 분명해요."

특히 4장에서 보았던 회심 점검 질문 중에 마지막 질문인
**구원에 대한 감사 때문에, 하나님 사랑과 이웃 사랑을
내가 원하지 않을 때도 하고자 하는 의지가 있나요?**
앞에서 좌절감을 느끼는 거지요.

그런데 이 질문은
당신에게 '완벽한 상태인지'를 묻는 질문이 아닙니다.

우리는 이 땅에서는 완전해질 수 없습니다.
끊임없이 우리 안의 죄성과 싸워나가는 존재들이지요.

이것은 심지어 사도 바울도 마찬가지였습니다.

여기에서 나는 법칙 하나를 발견하였습니다.
곧 나는 선을 행하려고 하는데,
그러한 나에게 악이 붙어 있다는 것입니다.

롬 7:21 새번역

그래서 이 질문이 묻는 것은 '방향'입니다.
내 안의 죄성 때문에 넘어질 때도 있지만,
이 죄성을 거스르고 하나님 사랑과 이웃 사랑을
내가 원하지 않을 때도 하고자 하는 그 의지가 있는지
그리고 그 의지는 구원에 대한 감격에 근거한 것인지를
묻고 있는 것이지요.

그 방향과 의지가 분명하다면
'4단계 : 회심'으로 분류해도 잘못되지 않았습니다.

복음에 대한 감동이 분명히 있음에도
지나친 겸손이나 두려움 때문에
스스로를 4단계로 분류하지 못하는 건 아닌지도
한번 점검해봐야 합니다.

'4단계 : 회심'을 위한 대처법

1) 성도의 삶을 살기

구원에 대해 올바른 지식을 알게 되고,
그 사실에 대해 감동하게 된다면
비로소 '성도'가 되었다고 할 수 있습니다.
오늘날 한국 교회에서 '성도'라는 단어는
다소 가볍게 취급되는 느낌이 있습니다.

성도-집사-장로의 직분 체계 아래 최하위를 맡다 보니
마치 '초급자', '입문자' 같은 어감을 주지요.

그러나 성도는 결코 만만한 뜻이 아닙니다.
성도를 뜻하는 히브리어(하시드, 카도쉬), 헬라어(하기오스)
모두 '거룩한, 구별된'이라는 뜻을 지니고 있습니다.

엄연히 일반 사람들과는 구분된 삶을 살아가는 사람을
성경에서는 '성도'라 칭하고
그 구분된 삶을 가능하게 하는 '회심'한 순간부터
그 사람은 정확한 의미의 '성도'라고 할 수 있습니다.

그리고 이때부턴 성도의 삶을 살 의무가 주어집니다.

성도의 삶은 무엇일까요?
예수님이 우리에게 내리신 새 계명입니다.

이제 나는 너희에게 새 계명을 준다. 서로 사랑하여라.
내가 너희를 사랑한 것같이, 너희도 서로 사랑하여라.
요 13:34 새번역

"내가 너희를 사랑한 것같이"
⇩
하나님 사랑을 기억하며

"너희도 서로 사랑하여라"
⇩
이웃을 사랑하는 삶

이것이 바로 성도의 삶입니다.

하나님 사랑을 기억하기 위해
하나님을 예배하고 찬양하고
이 말씀이 더 전해질 수 있도록 헌신, 봉사하고
하나님을 기쁘게 하려고
내 욕망과 죄성을 억누르고 이웃을 사랑하는 것

이 모든 것이 '성도'가 된 이후에 가능한 삶이겠지요.

물론 이 전에도 위의 행동을 할 수 있겠지만,
그동안은 어디까지나 흉내에 불과했을 겁니다.
단순히 예배 현장의 분위기가 좋아서,
아니면 어떤 의무감 때문에
성도의 삶을 모방했을 겁니다.

그러나 이제 구원의 기쁨을 알게 된 지금은
진실된 성도의 삶을 출발할 수 있게 된 순간이지요.

2) 회심을 도와주기

앞서 1,2,3단계를 위한 대처법을 보셨다면 아시겠지만
모든 단계에서 성도의 도움이 많이 필요합니다.

아직 회심하지 못한 이들에게 복음을 전해주고
풍성한 삶을 누리는 공동체를 보여주고
질문을 받아주고 함께 고민해주는 과정에

이미 그 단계를 거쳐온 회심한 성도들이
마치 셰르파처럼 도와주어야 합니다.

그리고 다른 사람의 회심을 돕는 것은
새 계명과 함께 우리에게 내리신 예수님의 사명이기에
마땅히 우리 삶을 이 일에 헌신해야겠지요.

그러므로 너희는 가서, 모든 민족을 제자로 삼아서,
아버지와 아들과 성령의 이름으로 세례를 주고,
내가 너희에게 명령한 모든 것을 그들에게 가르쳐 지키게 하여라.
보아라, 내가 세상 끝날까지 항상 너희와 함께 있을 것이다."
마 28:19,20 새번역

자, 믿음의 요소에 따른 각 단계의 분류와 단계별 대처법을 요약해서 다시 한번 보겠습니다.

	고백	지식	성령
무관심	X	X	X
무지	O	X	X
불신	O	O	X
회심	O	O	O

무관심을 위한 대처법

1. 장벽을 제거하기
2. 복음이 필요한 이유를 탐구하기
3. 풍성한 삶을 체험하기

무지를 위한 대처법

1. 공부하기
2. 질문하기
3. 헌신보단 양육받기
4. 기도하기

불신을 위한 대처법

1. 공부하기

2. 기도하기

3. 초조함을 버리기

4. 강박을 버리기

회심을 위한 대처법

1. 성도의 삶을 살기

2. 회심을 도와주기

자, 이제 당신이 나아갈 길이 정해졌습니다.
당신은 어떤 단계에 속하십니까?
그리고 어떤 일을 이제부터 시작하시겠습니까?

모범생의 요약 노트 ✏️

- 각 상태에 맞는 올바른 대처법을 통해 우리는 드디어 다시 시작할 수 있다.

- 무관심을 위한 대처법
1. 장벽을 제거하기
2. 복음이 필요한 이유를 탐구하기
3. 풍성한 삶을 체험하기

- 무지를 위한 대처법
1. 공부하기
2. 질문하기
3. 헌신보단 양육받기
4. 기도하기

- 불신을 위한 대처법

1. 공부하기
2. 기도하기
3. 초조함을 버리기
4. 강박을 버리기

- 회심을 위한 대처법

1. 성도의 삶을 살기
2. 회심을 도와주기

대화해봅시다

1. 나는 저 4가지 단계 중 어느 단계에 해당하는 것 같나요?

2. 나는 이제부터 어떤 일을 제일 먼저 시작할 건가요?

3. 가장 기대되는 일과 가장 염려되는 일은 무엇인가요?

8강
귀찮고 재미없는 일
- 교회 안의 유혹들

어느 날,
가이사랴 빌립보라는 도시에서
예수님은 우두커니 서 계셨습니다.

제자들이 그분 곁에 있었지만
어째서인지 그분의 표정은 외로워 보였습니다.

예수님이 세상에서 하나님나라의 복음을 전하고
수많은 병자를 치료했지만
그분에게 돌아온 것은
율법학자들과 바리새파 사람들의 조롱
그리고 사람들의 무시와 멸시였죠.

가이사랴 빌립보에 가득했던 우상 신전들은
예수님의 쓸쓸함을 더 부추겼습니다.

"얘들아."
예수님은 뒷짐 지시고 앞을 바라본 채
뒤에 서 있는 제자들에게 물으셨습니다.

"사람들이 나더러 누구라고 하더냐?"

눈치 없는 제자들은 예수님의 속도 모른 채
주저 없이 대답하기 시작합니다.

"요한이라고 하던데요!"
"엘리야라고 하던데요!"
"예레미야 같은 예언자라고 하던데요!"

"그… 그만그만!"
예수님은 가뜩이나 상했던 속이
제자들 때문에 더 쓰린 것 같았습니다.

"그러면…"
예수님은 뒤를 돌아 제자들을 바라보고 물으셨습니다.

"너희는 나를 누구라고 생각하느냐?"

그때 베드로가 입을 열었습니다.

**"선생님은 살아계신
하나님의 아들 그리스도십니다."**

(마 16:16 새번역)

베드로의 말이 끝나자마자
비로소 예수님은 활짝 웃으셨습니다.

그 웃음은 마치 짐을 내려놓듯
그간의 모든 외로움을 한 번에 던지는 듯한,
해방감이 가득 담긴 웃음이었습니다.

원래 외로움은
나를 알아주는 한 사람을 만났을 때 사라지는 법이니까요.

예수님은 베드로를 어화둥둥 얼싸안고
기쁨이 가득한 목소리로 말씀하십니다.

"아이구, 이쁜 것아!
네가 이것을 깨달은 것은 하나님의 선물이다!"

훗날 사도 베드로가 이 땅에서의 삶을 마치는 순간,
그동안의 삶을 회고할 때 아마 이 순간을 떠올리며
미소 짓지 않으셨을까 생각해봅니다.

'예수님이 내 고백을 듣고 아이처럼 기뻐하셨던 순간'

그 후에 예수님은 아주 중요한 선언을 하십니다.

"내가 이 반석 위에 내 교회를 세우겠다."

그렇게 교회가 탄생했습니다.
베드로의 입술을 통해
예수님의 정체성이 세상에 선포된 순간
즉, '올바른 믿음'이 바로 선 순간
그 믿음을 반석 삼아 예수님은 교회를 세우셨습니다.

이 책의 처음부터 지금까지
그토록 찾아 헤맸던 '믿음'은
바로 **교회의 반석, 교회의 기본**입니다.

누군가가 신앙생활을 시작하기 원한다면
이 믿음을 갖는 일을 최우선으로 삼아야 하고
교회에서 이루어지는 모든 활동은
이 믿음에 기반해서 이루어져야 합니다.

자, 실제로 우리가 교회에서 하는 여러 활동을 떠올려봅시다.

우리는 교회에서
예배하고, 찬양하고, 헌금하고, 봉사하고, 전도합니다.

이 모든 활동이 가능하게 하는 원동력은
바로 '믿음'입니다.
구원에 대한 감동과 기쁨으로
우리는 이런 활동들을 하게 되는 것이죠.

"구원이 너무 감사해 이것을 허락한
하나님을 기쁘게 해드립니다."

예배

"이 감동을 참을 수 없어 소리쳐 고백합니다."

찬양

"이 감동을 주신 분께서 명하신 계명을
실천하고자 내 것을 나눕니다."

헌금

"나의 재능과 노동력으로 계명을
실천하고자 합니다."

봉사

"이 놀라운 이야기를 사람들에게
전하고자 합니다."

전도

이것이 바로
'믿음'이라는 반석 위에
교회가 탄생하는 원리지요.

사실 믿음이라는 반석을 다지는 일은 꽤 힘듭니다.

건물이 지어지는 것을 관찰해보신 적이 있나요?

저는 어떤 교회 예배당을 건축하는 과정을
처음부터 지켜본 적이 있는데,
총 공사 기간 2년 중 1년 6개월을
기반을 다지는 데에만 할애하는 겁니다.

처음에는 인부분들이
일을 게을리하시는 줄 알았습니다.

'아니. 1년 넘도록 뭐 하나 올라가는 게 없어?'

그런데 1년 6개월간 묵묵히 건물의 기본 반석을 다지더니
그 기본이 완성되고 나서는 한순간에 건물이 올라갔습니다.

이처럼 반석을 다지는 일은 그 과정이
꽤나 귀찮고, 번거롭고, 재미없고, 티도 잘 안 납니다.

**그렇다 보니, 어떤 교회는
반석이 아닌 모래 위에 세워지기도 합니다.**

만들기에 지루하고 귀찮은 반석 대신
모래를 사용하면 반석보다 훨씬 더 빨리
교회의 모습을 갖출 수 있거든요.

모래에는 어떤 것들이 있을까요?
'의무감'이 대표적일 겁니다.

교회 구성원에게 믿음을 심어주고,
그 믿음에 대한 기쁨으로
예배와 찬양을 하도록 해야 하는데
이 과정은 번거롭고 귀찮지요.

하지만, **'의무감'**이란 모래는 빠릅니다.

"예배 빠지면 안 돼! 꼭 참석해야 해!"
"어딜, 예배할 때 헌금 없이 와? 당연히 헌금 들고 와야지!"
"봉사하라는데 개인사를 핑계로 대? 순종해야지!"

'기복' 이란 모래도 있습니다.

"열심히 봉사하면 하나님이 분명히 삶에 크게 복 주실 거야!"
"십일조를 낸 가정은 하나님이 물질 축복을 반드시 부어주십니다!"
"청년 시기에 삶을 하나님 앞에 불사르면,
예비하신 배우자를 만날 수 있을 거야!"

'명예' 도 좋은 모래가 되지요.

헌금과 봉사를 많이 한 사람에게
명예를 채워줄 직분을 주게 되면 자원자가 넘쳐납니다.

어린 학생들에겐 **'보상과 재미'** 도
교회를 세울 수 있는 모래입니다.

달란트로 예배 참석을 유도하고,
전도왕에겐 닌텐도를 나누어줍니다.
워십 댄스와 찬양팀 합주는 그 자체로 큰 재미를 줍니다.
예배 끝나고 풋살 한 판에 치킨 한 마리는
남학생에게 최고의 만족을 주죠.

더러는 **'음악'**이 그 모래가 되기도 합니다.

구원이 기쁘지 않아도
음악이 기쁨을 만들어줍니다.
구원이 감격적이지 않아도
음악이 감격을 만들어줍니다.
그 황홀경은 우리의 종교적 욕구를 채워줍니다.

또,
그 모습을 촬영한 유튜브 영상과 조회 수, 구독자.
이 모든 것이 모래가 되기도 하지요.

어쨌든 교회는 세워집니다.
반석 없이 모래만 있어도
겉보기에 전혀 문제없는
행복하고 즐거운 교회는
얼마든지 세워질 수 있습니다.

이런 와중에
"믿음을 점검해봐야 합니다!"
"과연 그 열심의 원동력은 무엇인가요?!"
라는 외침은 괜히 딴지처럼 들립니다.

"다들 신앙생활 기쁘게 하고 있는데 왜 난리야?"

이미 교회에는 즐겁고 바쁜 일로 가득합니다.

단기선교, 봄맞이 야유회,
야외 예배, 체육 대회, 여름성경학교,
○○워십 초청 찬양콘서트, 교육부 헌신예배,
어르신 가을맞이 효도 관광, 김장 행사…
이 모든 일이 만들어내는 소음 앞에서

"구원에 대해 질문하고 함께 공부합시다!"
라는 외침은 들리지 않습니다.
그래서 교회의 반석인 믿음은 어느샌가 우리에게
버린 돌이 될 때가 많습니다.

아, 오해는 없으면 좋겠습니다.
"교회에선 그 어떤 재미도 미디어도 추구해선 안 돼!"
와 같이 결벽증 환자 같은 신앙생활이 좋다는 게 아닙니다.

교회가 올바른 반석 위에 서 있다면
미디어, 재미, 보상과 같은 모래들은
교회 생활에 활력을 가져다주는 요소가 됩니다.

반석의 단단함과 모래의 푹신함은
함께 사용할 때 좋은 결과를 만들어낼 수 있지요.

모래들이 가지고 있는 매력이
누군가에겐 복음을 접하는 계기가 되기도 하고,
성도들도 미디어와 음악의 도움을 받으면
하나님 앞에서 자기감정을 더 수월하게 표현할 수 있습니다.

그러나
반석 위에 모래가 덧대진 것과
반석 없이 모래만 있는 상태는 분명히 다릅니다.

신앙생활을 10년, 20년 넘게 하는 사람에게
여전히 교회가 제공하고 있는 신앙생활의 원동력이
구원에 대한 감격이 아닌
의무감, 재미, 보상, 미디어와 같은 것들이라면
그 공동체는 심각하게 방향성을 점검해봐야 합니다.

믿음은 신앙생활의 목적지가 아니라 출발지입니다.
그래서 교회 생활은 믿음을 얻기 위해 달려가는 것이 아니라
달리기를 출발할 때 이미 바통을 쥐고 달리듯,
올바른 믿음을 쥐고 달리는 것이 정상적인 상태지요.

그런데, 우리는 신앙생활을 오래 한 사람이
아직 회심하지 않은 것,
즉, 구원에 감화되지 않은 것에 대해서
문제의식을 느끼지 않을 때가 있습니다.

오히려 복음에 대한 올바른 지식을 알고
그 내용에 감화된 사람을
대단한 사람처럼 바라볼 때가 있지요.
좀 이상하지 않나요?

예를 들어봅시다.

어느 가정에서 아빠와 아들이 다음과 같은 대화를 나눕니다.

"아들, 중국어 학원 열심히 다니더라?
중국어 배우는 건 재밌어?"
"어! 재밌어!"

아빠는 2년 동안이나 중국어 학원을 성실히 다니는
아들이 대견했습니다.

"그래? 그럼 '안녕하세요'가 중국어로 뭐야?"
그러자 아들이 당황하고 한참 하늘을 쳐다봅니다.
"어…"

그 모습에 더 당황한 건 아빠입니다.
중국어 학원을 한 번도 안 가본 아빠조차
'안녕하세요'가 '니하오'라는 건 상식 수준으로 알고 있으니까요.

"…몰라?"
"아, 잠깐만! 갑자기 물어보니까 헷갈리잖아."

"아니, 너 지금 '안녕하세요'를 몰라?
중국어 학원을 2년이나 다녔잖아?
이건 완전 기본 아니냐?"

어이가 없었던 아빠는 결국
아들이 다니는 중국어 학원을 몰래 찾아갔습니다.

'아니, 그렇게 학원을 왔다갔다하던데
도대체 학원에서 뭘 하는 거야?'

아들의 수업이 한창 진행되고 있는 교실로 찾아가
아빠는 고개만 살짝 내밀어 그 내부를 지켜봤습니다.
그 교실 안에서 아들은
선생님, 친구들과 정말 화목하게 놀고 있었습니다.

선생님은 사비로 과자와 치킨을 사서 아이들과 나눠 먹었고
아들은 친구들과 보드게임을 즐기고 있었습니다.
행복과 웃음이 가득한 그 교실에서
아들은 행복해하고 있었습니다.
아빠는 그 행복한 풍경에 머릿속이 복잡했습니다.

결국 아빠는 따로 중국어 학원 원장을 만나 따졌습니다.

"이보쇼, 이게 맞습니까?
아니 그래, 아들 가진 아빠로서
우리 애랑 저렇게 잘 놀아주는 건 고맙습니다.

그런데요, 여기가 중국어 학원이라면
최소한 할 일은 해야 하는 거 아닙니까?

내가 우리 애 놀게 하려면 키즈카페를 보냈지,
왜 여기를 돈 내가며 꼬박꼬박 보냈겠습니까?"

아빠의 분노는 당연할 겁니다.
중국어 학원의 본질은 중국어를 가르치는 일입니다.

학생을 사랑하는 마음에 학생들과 즐겁게 놀 수 있겠지만,
본질을 내팽개치고 학생들과 노느라 바쁘다면
그곳은 중국어 학원으로서의 가치는 없을 겁니다.

누군가 그 학원을 2년 넘게 다녔다면
그 사람이 중국 원어민처럼 대화하진 못하더라도
기본적인 인사쯤은 익히는 게 당연할 겁니다.

그런데 '니하오'조차 모른다면,
뭔가 심각한 문제가 있는 거겠죠.

비슷한 예를 들어봅시다.

누군가 수영 학원을 2년간 다녔다면
선수처럼 수영하진 못해도
최소한 물에 뜨는 것 정도는 할 줄 알아야 할 겁니다.

그런데 수영 학원을 2년간 다닌 친구가
물을 무서워한다면
우리는 그 친구를 이해할 수 없죠.

그런데 우리는 왜
교회를 20년 넘게 다닌 사람이
회심하지 못했다는 것에 대해선
관대한 걸까요?

교회의 반석이 믿음이라면,
그 믿음을 가르치는 일은 교회의 본질입니다.

그런데 2년, 3년, 아니 20년, 30년을 다녔어도
믿음의 재료라고 할 수 있는 복음에 대한
기본적인 지식을 모른다면
오히려 그것이 신기한 일일 겁니다.

그런데 간혹 어떤 공동체에서는
구원에 대한 지식을 스스로 고백할 수 있는 사람을 보고
놀라 박수를 치기도 합니다.

"와, 너 정말 대단하다. 나중에 신학 할 거니?"

이런 대화를 나누는 중국어 학원이 있다면 정상일까요?

"쟤는 정말 놀라워! 니하오를 할 줄 안다니!"
"세상에, 너 통역사가 꿈이니?"

동네 탁구장을 가보면
남들에게 탁구를 어느 정도 알려줄 수 있는
2,3년차 수강생들을 쉽게 볼 수 있습니다.

우리는 그것의 10배가 넘는 기간을 교회에서 보냈습니다.

그렇다면 우리는 그 기간에 맞게
복음에 대한 지식이 깊어졌어야 합니다.
누군가에게 기독교의 기본 진리는 알려줄 수 있어야
정상이겠지요.

하지만 날로 늘어가는 건
주보를 접는 실력,
찬양 코드 외우는 속도,
PPT를 잘 넘기는 눈치라면
그건 분명히 문제가 있습니다.

그러나 우리는 이 현상을 크게 문제 삼지 않습니다.

왜 그럴까요? 앞서 이야기했듯,
이 문제를 굳이 고민하지 않아도
교회는 활발하게 잘 돌아가거든요.

예배에 많은 사람이 참석하고 있고
찬양할 땐 모두 소리 높여 외칩니다.
수련회도 잘 진행이 되고 있고
교육부서의 아이들은 즐겁고
봉사 현장에도 기쁨과 보람이 넘칩니다.

그런데 가만히 잘 생각해봅시다.
그동안 정말로 문제가 없었는지.

기쁨이 없이 예배를 참석하다 보니
참여 횟수가 늘어나도 남는 건
다음 예배 참석에 대한 의무감뿐이고

찬양할 땐 이 자리에서 하나님을 만나야 한다는데
정말 만난 게 맞는지 헷갈리고
찬양을 안 하면 또 하나님과 멀어지는 것 같아서
어느새 이 집회, 저 집회 안 쫓아다닌 집회는 없고

봉사는 이미 버겁지만
이것마저 놓으면 신앙까지 잃어버릴까 봐
몸과 마음이 지쳐도 붙잡고 있고

누군가에게 기독교를 설명할 수 있냐고 묻는다면
사실 그것도 아닌지라
전도를 제대로 한 적도 없는데

'교회를 꼭 나가야 하는 이유는 뭐지?'
라는 질문 앞에서 점점 자신감이 없어져서

삶의 무게가 늘어갈수록
교회를 떠나는 일이 꼭 남의 일은 아닐 수도 있겠다는
위기감이 문득문득 들고…

그래서 우리에게 필요한 것은
교회의 반석입니다.
모래 위에 세운 교회는
지속되기 어렵습니다.

구원에 대한 감화와 기쁨,
그리고 하나님나라에 대한 감격이라는
올바른 반석 위에 교회 생활을 세울 때
그 교회 생활은 비로소 신앙생활이 될 수 있습니다.

다시금 제 어린 시절을 떠올려봅니다.

피아노 봉사 반주로 지쳐있었던 저에게
누군가가 '믿음'을 알려줬더라면 어땠을까요?

"잠깐만, 너 정말 하나님 믿고 있니?"
"지금 네가 열심히 반주하는 이유는 뭐야?
예수님을 향한 기쁨이 가득하기 때문이야,
아니면 의무감이야?"

교회 친구들과 풋살, 농구를 하고
같이 합주하며 즐거워하던 저에게
누군가가 믿음을 알려줬더라면 어땠을까요?

"지금 네가 기쁜 이유는 뭐야?
하나님 때문에 기쁜 걸까?
아니면 너의 만족으로 기쁜 걸까?"
"너, 정말 하나님이 어떤 분인지 알고 있니?
솔직히 말해도 괜찮아."

"우리, 믿음으로 다시 시작해보자!"

그랬다면 학창 시절 저에게 신앙은
의무가 아닌 기쁨으로 기억이 되었을 겁니다.

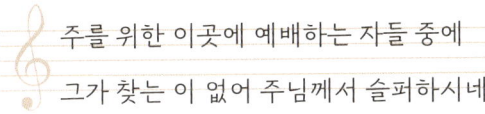

주를 위한 이곳에 예배하는 자들 중에
그가 찾는 이 없어 주님께서 슬퍼하시네

〈주를 위한 이곳에〉(마커스)라는 찬양의 첫 가사입니다.

이젠 가사를 보았을 때
쉽게 떠오르는 성경 속 장면이 있지요?

네, 우리가 함께 보았던
오병이어 사건의 모습이 연상됩니다.

사실 오병이어 사건이 있기 전에 예수님은
구원을 바라보지 못하는 사람들의 모습에
이미 한탄하셨습니다.

너희가 성경을 연구하는 것은,
영원한 생명이 그 안에 있다고 생각하기 때문이다.
성경은 나에 대하여 증언하고 있다.
그런데 너희는 생명을 얻으러 나에게 오려고 하지 않는다.
요 5:39,40 새번역

그래서 오병이어 현장에서 예수님은
떡과 물고기를 사람들에게 공급해주시며
그분 자신이 이 음식과 같은 생명의 밥이라는
'표징'을 사람들에게 보이셨습니다.

그래도 끝끝내 사람들은
예수님이 누구인지 알려고 하지 않았습니다.

예수님을 따라갈 때 채워질
자신의 만족만을 갈망할 뿐이었죠.

교회에서 우리는 종종
"예배자가 됩시다"라는 다짐을 하곤 합니다.

그렇다면 어떤 사람이 예배자일까요?
이때도 우리는 보통 우리가 열심을 내기 좋거나
우리의 감각이 즐거운 교회 일들을 떠올리곤 합니다.

예배에 자주 참석하고,
열심히 악기를 연주하고
찬양 시간에 감격을 느끼는 사람을
예배자라고 생각할 때가 많습니다.

그러나 예배자가 되기 위한 가장 기본 전제는
'하나님을 아는 것'입니다.

누군가에 감동했다면서 정작 그 사람이 누군지 모른다면
그 감동을 진짜라 여길 사람은 없을 겁니다.

아내의 생일 날짜도 모른 채 준비한 파티처럼
그 사람이 아무리 열심을 낸다고 한들
그 감동과 경배는 진짜가 될 수 없습니다.

그래서 내가 예배자가 되고 싶다면
가장 먼저 할 일은 하나님을 올바르게 아는 것입니다.

요한복음 6장에서 예수님은
그분의 정체성을 '생명의 밥'으로 말씀하십니다.

우리에게 구원을 주시려고 생명의 밥 되신
예수님을 받아들이는 것,
그 구원의 사실에 감화되는 것

이것이 예배자가 되기 위한
가장 기본적인 전제조건입니다.

그런데 오병이어 현장에는 그 한 사람이 없어서
예수님이 안타까웠다고 하십니다.
주님께서 슬퍼하셨다고 하십니다.

그래서 우리는 함께 다짐하자는 겁니다.

"주님이 찾으시는 그 한 사람 그 예배자
내가 그 사람 되길 간절히 주께 기도하네"

아마 당신은 귀한 결심을 했을 겁니다.

"이제부턴 구원에 대한 올바른 지식을 쌓겠어."
"이제부턴 스터디그룹을 만들어서 함께 책을 공부하겠어."

그런데 그 결심을 흐리게 만들 유혹들을 마주할 겁니다.
스마트폰? 세상 친구들? 넷플릭스?

그것도 맞지만
의외로 그 더 강한 유혹들은 교회 안에 존재합니다.

예를 들면 찬양이 있겠지요.
굳이 이 골치 아픈 문제를 고민하지 않더라도
나에게 종교적 황홀감과 만족감, 뿌듯함을 주니까요.

단기선교, 뜨거운 기도, 크리스마스 행사 준비
모두 마찬가지입니다.

공부와 기도 같은 지루한 일들보다
더 활기차고 재미있고 영상 컨텐츠로 만들기도 좋습니다.
더 강한 감동과 도파민도 가져다주지요.

그래서 "어쨌든 나는 하나님의 일을 하고 있으니까"
라고 말하며 공부와 기도는 등한시한 채
이런 일들에만 집중할 위험이 큽니다.

하지만 이 일들은
우리가 구원에 감화된 뒤에 해도 늦지 않습니다.
지금 우리에게 가장 필요한 것은 믿음이고,
믿음을 갖기 위한 양육입니다.

그 예배자가 되는 과정이 아주 은혜롭지만은 않습니다.

지루하고, 골치 아프고, 스스로를 점검해야 하고
또 때론 나의 부족함을 직면해야 합니다.

가뜩이나 바쁜 일상 중에 시간을 따로 덜어
책을 읽기도 해야 하고
머리 아픈 질문도 주고받아야 합니다.

그러나 그 모든 과정은
내 안에 교회를 올바르게 세울 수 있도록
반석을 다져나가는 과정입니다.

언제든 이 반석을 내던지고 싶을 때가 올 겁니다.

효과 빠른 모래를 들이부어
예전처럼 골치 아프지 않은 신앙생활로
돌아가고 싶을 때도 있을 겁니다.

그래도 '이건 아니지' 하며 모래 자루를 내려놓고
다시 묵묵히 반석을 다져나갈 때
하나님은 당신을
'그 한 사람의 예배자'로 바라보실 겁니다.

모태신앙,

우리 본질부터 다시 시작합시다.

내가 그동안 쌓은 모든 것을

주님 발 앞에 내려놓고

겸손히 우리의 상태를 고백하며

다시 기본부터 출발합시다.

그렇게 다져진 반석 위에

예수님이 말씀하신 교회를 세우고

그 기쁨을 누리게 될 때,

우리는 평생 한 번도 먹어보지 못한

진짜 교회의 맛을 누리게 될 겁니다.

그리고 그것은 너무 맛있어서

"맛있다!"라고 외치지 않으면 견디지 못할,

"너도 먹어봐!"라고 말하지 않으면 견디지 못할

놀라운 기쁨을 당신에게 선물할 겁니다.

수많은 사람이 예수님을 따라왔고

예수님을 향한 엄청난 헌신과 열심이 있었고

예수님을 높이는 찬양과 경배도 그 안에는 가득했지만

예수님은 그 자리를 분노하시며 떠나셨습니다.

그리고 그들을 **불신자**라고 말씀하셨죠.

진짜 예수님을 아는 자도,

알려고 하는 자도 없었기 때문입니다.

그리고 예수님의 이러한 실망은

오늘날의 교회에서도 반복될 수 있다고 생각합니다.

지금도 수많은 곳에서 예배가 진행됩니다.

각자의 열심으로

하나님께 최고의 것을 드리기 위해

많은 사람이 헌신하고 있습니다.

우리는 그 현장을 하나님이 기뻐하실 거라 확신합니다.

그러나 주님이 보시는 건 우리의 열심이 아닙니다.

'내가 누군진 아니?'

주님은 오병이어 때와 똑같은 질문을
우리에게 던지고 계시지요.

그때 이 질문에 대해서 답하지 못한다면,
혹은 올바른 답을 하지 못한다면
우리의 예배는 주님께 조롱이 될 수도 있습니다.

그리고 예수님은 슬퍼하시며
주를 아는 예배자를 찾기 위해
또 쓸쓸히 떠나시겠지요.

이 책을 읽고 있는 당신이
그 한 사람의 예배자가 되면 좋겠습니다.

예배를 열심히 참석하는,
찬양을 크게 부르는,
누구보다 열심히 봉사하는
그런 예배자가 아니라

하나님을 아는 그 한 사람

주님이 어떤 분이신지 알고
그분이 베푸신 구원이 무엇인지 알고
그 구원에 감격하고,
그분이 우리에게 허락하신
하나님나라가 무엇인지 깨닫고 누리며
그 사실에 감격하고 기뻐하는 그 한 사람

혹은 아직 그 감격이 없다면
그 사실을 통탄하며
구원을 알아가기 위해
함께 공부하고 기도하는 그 한 사람

그 한 사람이 당신이 되길 소망합니다.

모범생의 요약 노트 ✏️

- 믿음은 교회의 반석이다.
  우리의 모든 교회 활동은 믿음을 기반으로 이루어져야 한다.

- 그러나 반석이 아닌 모래로도
  손쉽게 교회의 모양은 세워갈 수 있다.
  그러나 그런 생활은 지속되기 어렵다.

- 반석을 다져나가는 일은 어렵고 지루하고 힘들다.
  그러나 내가 진정한 예배자가 되길 원한다면
  그 과정이 제일 먼저 이루어져야 한다.

대화해봅시다

1. 모래로 세워진 교회 생활을 경험해본 적이 있나요?

2. 어떤 모래가 가장 매력적으로 느껴지나요?

3. 사람들이 반석을 다지길 싫어하는 이유는 무엇일까요?

4. 반석을 다지기 위해 나는 무엇에 가장 집중할 계획인가요?

모태신앙 다시 시작하기

초판 1쇄 발행	2025년 9월 22일
초판 3쇄 발행	2025년 10월 15일

지은이   차성진

펴낸이   여진구
책임편집   최현수 구주은
편집   이영주 진효지 안수경 김도연 김아진 배예담
책임디자인   정은혜 | 마영애 노지현 조은혜 남은진
마케팅   김상순 강성민   마케팅지원   최영배 정나영
제작   조영석 허병용   경영지원   김혜정 김경희 김영하

303비전성경암송학교 유니게 과정
이슬비전도학교 / 303비전성경암송학교 / 303비전꿈나무장학회

펴낸곳   규장

주소   06770 서울시 서초구 매헌로 16길 20(양재2동) 규장선교센터
전화 02)578-0003   팩스 02)578-7332
이메일 kyujang0691@gmail.com   홈페이지 www.kyujang.com
페이스북 facebook.com/kyujangbook   인스타그램 instagram.com/kyujang_com
카카오스토리 story.kakao.com/kyujangbook
등록번호 1922-2461
since 1978.08.14

ⓒ 저자와의 협약 아래 인지는 생략되었습니다.
이 출판물은 저작권법에 의해 보호를 받는 저작물이므로 무단 전재와 무단 복제를 할 수 없습니다.

책값   뒤표지에 있습니다.
ISBN 979-11-6504-652-1 03230

규 | 장 | 수 | 칙

1. 기도로 기획하고 기도로 제작한다.
2. 오직 그리스도의 성품을 사모하는 독자가 원하고 필요로 하는 책만을 출판한다.
3. 한 활자 한 문장에 온 정성을 쏟는다.
4. 성실과 정확을 생명으로 삼고 일한다.
5. 긍정적이며 적극적인 신앙과 신행일치에의 안내자의 사명을 다한다.
6. 충고와 조언을 항상 감사로 경청한다.
7. 지상목표는 문서선교에 있다.

하나님을 사랑하는 자 곧 그의 뜻대로 부르심을 입은 자들에게는 모든 것이 合力하여 善을 이루느니라(롬 8:28)

규장은 문서를 통해 복음전파와 신앙교육에 주력하는 국제적 출판사들의
협의체인 복음주의출판협회(E.C.P.A:Evangelical Christian Publishers
Association)의 출판정신에 동참하는 회원(Associate Member)입니다.